{47ᵉ

CHOSES DES PHILIPPINES

Grand in-8° 5° série.

OL.

1412

CHOSES

DES PHILIPPINES

PAR

A. DE GÉRIOLLES

———

Ouvrage orné de gravures.

———

PARIS

rue des Saints-Pères, 30

J. LEFORT, IMPRIMEUR, ÉDITEUR

A. TAFFIN-LEFORT, Successeur

rue Charles de Muyssart, 24

LILLE

CHOSES
DES PHILIPPINES

I

Derrière nous l'énorme et pittoresque silhouette de la
montagne de Hong-Kong s'abaisse, semble fondre en un
brouillard d'argent, disparaît. Lancé sur cette mer de
Chine aux eaux pâles et traîtresses, *le Paragua* file en
avant, nous emportant de toute sa vitesse vers *la Perle de
l'Orient ;* tel est le nom que donnent les Espagnols à Manille,
capitale de leurs possessions du Pacifique, des Indes Espagnoles, suivant leur pompeuse parole.

Ces deux titres sont aussi emphatiques qu'erronés ; les
Philippines font, en effet, partie des îles de la Malaisie, et
Manille, encore que ville fort importante, est très inférieure
à presque toutes les grandes cités de l'Extrême-Orient.
Colombo est infiniment plus jolie, Hong-Kong lui est nota-

blement supérieure au point de vue commercial, et notre Saïgon, notre incomparable Saïgon, est à la fois plus con- sidérable, plus pittoresque, plus belle que les trois autres.

La vraie *Perle* par delà les grands océans, c'est nous qui la possédons, n'en déplaise à nos amis de *tras los montes*.

Cette réserve faite, nous devons reconnaître que Manille ne manque pas de charme, ni même d'une beauté spéciale.

Ici nous emprunterons quelques lignes touchant les ori- gines de la conquête au livre de notre érudit ami le docteur Montano, qui voulut bien accepter notre hospitalité aux Philippines (1), livre remarquable aussi sincèrement qu'hu- mouristiquement écrit.

« C'est, nous dit-il, à l'immortel Magellan qu'est due la découverte de l'archipel ; mais le grand navigateur put à peine le reconnaître ; le 31 mai 1521, il prenait terre au nord-est de *Mindanao*, à l'embouchure du rio *Agusan*, et le 26 avril suivant, il tombait sous les coups des habitants de la petite île de *Mactan*, près de *Cebú*. Son lieutenant, El Cano, rentrait bientôt en Espagne avec la *Victoria*, le premier navire qui ait fait le tour du monde.

» Une nouvelle expédition fut envoyée en 1542, sous le commandement de Villalobos ; contrariée par les mauvais temps, elle ne put qu'arriver en vue de l'archipel, auquel

(1) *Voyage aux Philippines et en Malaisie.* Hachette, éditeur.

l'amiral imposa le nom de *Philippines*, en l'honneur du prince des Asturies, qui devait bientôt s'appeler Philippe II.

» C'est sous le règne de ce dernier que l'Espagne s'établit aux Philippines avec Michel Legaspi et fonda Manille; dans les années qui suivent, la domination espagnole s'étend peu à peu sur Luçon et les îles Bissayas.

» Il est à peu près incontestable que les Philippines furent primitivement peuplées par une race de petits nègres aborigènes (semblables à ceux que Stanley et divers autres explorateurs ont rencontrés dans le centre de l'Afrique et qu'on a dénommés *pygmées*) habitant encore en assez grand nombre l'intérieur des forêts, et que les Tagals appellent *Ajétas* et les Espagnols *Négritos*.

» Sans doute, à une époque très reculée, des habitants de la Chine, du Japon, des vastes archipels du Sud, Javanais et même Hindous, durent aborder sur ces belles plages; des croisements de ces différents peuples sont sortis dix-huit races, dont le type varie de la laideur simiesque, débile, jusqu'à la pure beauté des vieilles races de l'Inde.

» La population de l'archipel n'a pas changé depuis cette époque. Les indigènes de race malaise, Tagals, Bissayas, Panpamgas, Zimbalès, Pangaswans, Ilocos, etc., alors idolâtres, occupaient la plus grande partie du sol. Les Indonésiens et les petits nègres ou Négritos étaient déjà relégués dans les montagnes de l'intérieur; les Malais mahométans (désignés depuis sous le nom de *Moros*) étaient établis à Soulou, à Palawan et sur quelques autres points de l'archipel ; ils avaient même fondé un royaume à Manille, qui s'appelait alors *Tondo*, et possédaient là une fabrique de canons. Après une résistance peu sérieuse, la soumission fut rapide ; la conversion de la plus grande partie des indigènes au catholicisme, but principal de Philippe II, était peu après un fait accompli.

» Ce résultat obtenu, la nouvelle conquête fut bientôt organisée, car les Espagnols se bornèrent à supprimer l'esclavage, et maintinrent la hiérarchie indigène dans ses dispositions les plus essentielles. »

Les Espagnols eurent souvent à défendre leur superbe conquête ; en 1603, une ambassade chinoise, soi-disant animée des plus pacifiques intentions, arriva à Manille sous prétexte de vérifier s'il était vrai, comme l'affirmait la légende, que Cavite reposait entièrement sur l'or. Le gouverneur Pedro d'Acunha, qui avait succédé à Lopez de Legazpi, s'étonna de cette singulière visite, et répondit aux délégués du Fils du Ciel que la légende ne devait pas être prise à la lettre et n'était probablement qu'un symbole de la fertilité de la presqu'île couverte de plantations. En réalité, ces Chinois n'avaient pas d'autre but que d'ourdir, avec ceux de leur race établis par milliers à Manille et y accaparant tout le petit commerce, un complot devant

aboutir à des « vêpres espagnoles. » Ils voulaient extermi-
ner les Européens de Luçon et attribuer la souveraineté de
tout l'archipel à l'empereur de la Chine. Une Tagale, mariée
à un Chinois, instruite de la conjuration, la révéla au gouverneur.

Ces tentatives conquérantes de la Chine se renouvelèrent,
aggravées de celles des Hollandais et des Anglais. Ces derniers pillèrent Manille en 1762, et la Venise Tagale ne
put se sauver d'une destruction complète qu'au prix d'une
rançon de vingt-cinq millions; il eût été étonnant que les
Grands Voraces ne tirassent pas de là pied ou aile.

Depuis longtemps déjà des germes de révolte agitaient
les indigènes, et des soulèvements sérieux avaient eu lieu
en province. Le choléra de 1820, qui vint fondre sur
Manille, y fournit l'occasion aux colères populaires de se
déchaîner. Les indigènes se persuadèrent bientôt que les
Européens étaient les auteurs du fléau. Il y eut une Saint-
Barthélemy des étrangers. Des médecins, admirables de
dévouement en combattant l'épidémie, furent traités d'em-
poisonneurs, tués, poignardés, traînés dans les rues, fou-
lés aux pieds des chevaux, et la foule, ivre de fureur, alla
jusqu'à leur ouvrir la poitrine pour leur arracher le cœur et
boire leur sang. Personne ne songeait que c'étaient pourtant ces étrangers qui avaient donné la vraie richesse à l'île
en y mettant le sol en culture, en créant les plantations de

café, de riz, de cacao, en multipliant les industries de toute nature. Cet état de choses, qui n'a fait que s'aggraver avec les années pour arriver aux déplorables événements auxquels nous assistons aujourd'hui, est dû, comme dans presque toutes les colonies d'ailleurs, quelle que soit la nation à laquelle elles appartiennent — et les nôtres n'en sont pas exceptées, — à la faute éternellement commise par la métropole d'envoyer dans ses possessions d'outre-mer, pour y occuper les principaux postes de la justice et du fonctionnariat, tous les individus tarés, âpres, de moralité douteuse, adversaires dangereux en politique que l'on ne réussit à éloigner que par l'appât du gain.

De là vols à peine déguisés, cruautés, injustices, exactions, le malheur enfin de tout un peuple, et, quand la mesure est comble, la guerre civile avec les flots de sang de toutes les révolutions.

Une autre raison capitale à l'irritation des indigènes a été l'augmentation des taxes ; les Indiens, qui payaient autrefois un impôt d'une piastre dix cuartos, c'est-à-dire cinq francs trente, ont vu peu à peu ce chiffre monter jusqu'à douze douros (soixante francs environ).

Impôt sur la fabrication des alcools indigènes, sur le papier timbré, sommes énormes tirées de la ferme de l'opium, de celle des jeux, des loteries mensuelles, des droits d'entrée considérables; de plus, tout Indien est soumis à quarante jours de prestation pour l'entretien des routes, et ne peut s'en libérer que grâce au versement d'une somme assez importante.

II

Au sultan et aux *datos* (1) avait été substitué dès l'origine un gouverneur général des Iles Philippines résidant à Manille, muni de pouvoirs presque autocratiques, et choisi, à part de rares exceptions, parmi les officiers de terre ou de mer.

Un général de division, ou tout au moins portant un titre équivalent, fut placé à la tête de l'armée; un contre-amiral commanda les forces navales, fort occupé à contenir autant qu'il est possible — et ce possible est peu de chose — les pirateries des Moros malais dans la mer de Soulou.

En temps ordinaire, l'effectif des troupes est de dix-sept mille hommes, dont deux mille Européens seulement; depuis la dernière insurrection ce chiffre a été augmenté de douze mille hommes.

A Cavite, en face de Manille, existait un arsenal bien fourni, presque complètement détruit aujourd'hui.

Cette magnifique colonie se divise en provinces et dis-

(1) Sorte de chefs féodaux.

tricts, administrés par des alcades, juges de tous procès en même temps qu'administrateurs.

Chaque ville ou village élit un maire (*gobernadorcillo*)(1); ses adjoints, dénommés *tenientes* (2), sont désignés par les Tagals sous le nom pompeusement symbolique de *Cabezas de Baranguay* (*Cabeza*, tête ; *Baranguay*, vaisseaux).

Le clergé des Philippines, qui compte environ trois mille âmes, obéit à la direction de l'archevêque de Manille, qui a pour suffragants divers évêchés ; les principaux postes sont occupés par des prêtres ou religieux européens, les cures moins importantes confiées au clergé indigène.

Des laïques s'occupent fort intelligemment d'une école des Beaux-Arts, qui, malgré tous les efforts, marche assez mal. Pour l'Indien, le dessin n'existe pas, la couleur est fausse. Ils n'ont eu que deux véritables artistes : le peintre Luna et un graveur d'un talent tout à fait hors de pair. Nous devons pourtant reconnaître que dans certaines familles anciennes l'on conserve de petites statuettes de bois exécutées par des Indiens, dont les lignes pures nous ont ravi ; la tête, les mains, les pieds, très artistiquement traités, sont en ivoire rehaussé d'or.

Les Dominicains ont la direction d'un établissement

(1) Petit gouverneur.
(2) Lieutenants.

2

d'instruction secondaire et d'une université où l'on enseigne
avec succès les sciences physiques et naturelles ; superbe
établissement qui comprend une école professionnelle, un
collège, une école d'agriculture et un observatoire riche
d'instruments précieux, uniques au monde, permettant
de prévoir et de suivre la marche des typhons, cyclones,
comme aussi d'enregistrer avec une précision absolue les
divers tremblements de terre si terribles et malheureusement trop fréquents.

Les Pères occupent, en outre, des postes assez nombreux
et souvent fort dangereux dans l'intérieur, plus encore dans
l'archipel de Soulou et la grande île de Mindanao, où ils se
consacrent à la conversion des Moros malais et des tribus
sauvages. Certains d'entre eux demeurent dans la même
province depuis des années; toujours errants, à l'exemple
des disciples du Christ, faisant bon marché de leur vie pour
la conversion des *infidèles*(1), s'aventurant avec un courage
admirable auprès des chefs des tribus les plus sanguinaires,
et trouvant bien souvent le martyre comme fin d'une existence toute de dévouement, de périls sans cesse renaissants.

Les Jésuites et différents autres ordres religieux établis
aux Philippines ont été les plus puissants civilisateurs de
l'archipel et ont obtenu là des résultats auxquels, sans eux,
ne serait jamais arrivée l'Espagne.

(1) Nom générique des tribus non baptisées.

Un des membres de la Compagnie de Jésus, le P. Urios, baptisa à lui seul plus de cinq mille deux cents infidèles, arrachés ainsi à l'esclavage, à la cruauté des Moros.

On calcule que, vers 1876, ces terribles Moros enlevaient chaque année quatre mille captifs en moyenne dans l'archipel ; leur audace étaient telle qu'ils venaient parfois jusque dans la baie de Manille sur leurs *praws* légères, écumant les côtes et la mer.

Ce peuple indomptable et sauvage dut enfin se soumettre, en apparence du moins, au protectorat espagnol ; un traité fut conclu, et leur capitale, Soulou, ayant été brûlée au mois de février 1876 par les troupes espagnoles, le sultan fut relégué à Maïbun, dans l'île même de Soulou, où l'Espagne lui sert une rente de douze mille francs ; son revenu total est, nous assure-t-on, de trois à quatre cent mille francs.

Le sultan est d'ailleurs tout à fait incapable de contenir ses datos, hommes jaloux, féroces, remuants, d'une bravoure à toute épreuve, qui continuent leurs pirateries et leurs déprédations.

Les Moros de l'intérieur de la grande île de Mindanao se désignent sous le nom de *Yacânes* et cultivent quelque peu la terre.

Ceux de la côte portent le nom de *Samâles Laût*, vrais

pirates qui enlèvent les chrétiens et parfois même attaquent les Moros de l'intérieur, une certaine antipathie existant entre Yacánes et Samáles.

Cette race *Moro* est aujourd'hui bien dégénérée ; féroce toujours, elle se montre de plus en plus indifférente à la religion mahométane à laquelle elle fut autrefois si passionnément attachée.

Presque toutes les prescriptions du faux prophète sont éludées, en même temps que leurs prêtres en érigent d'autres uniquement créées selon leurs besoins et leur fantaisie.

Les cérémonies religieuses sont célébrées non selon les commandements du Coran, mais selon la convenance du moment, généralement après la saison des récoltes.

Fait singulier, les prêtres administrent le baptême ou *gûnting*, appris des captifs chrétiens. Pour cela, ils préparent un mélange d'huile de coco, de farine de riz et d'eau.

Quand l'enfant est âgé de cinq ou six mois, l'*iman* (1) oint de cette préparation le front du baby en prononçant quelques versets du Coran.

Un grand festin présidé par l'iman termine la cérémonie.

Chez les Moros, le mariage est plutôt une vente de la

(1) Prêtre.

jeune fille à la famille du fiancé qu'une cérémonie religieuse.

Rarement les parents de la femme donnent leur consentement avant la troisième ou quatrième demande, consentement généralement concédé au plus offrant.

La somme exigée varie selon la fortune du futur et doit toujours être versée avant les cérémonies du mariage.

Le jour venu, le *noiro*, accompagné des jeunes gens dé son âge, va chercher les invités de maisons en maisons, et, s'arrêtant devant la porte de chacune d'elles, passe ses mains sur son visage, comme pour en effacer quelque souillure, puis déclare qu'il demande pardon à Dieu de tous ses péchés ; ceci est le *magtanbat*.

Le principal des invités de l'habitation se présente alors et lui donne sur les épaules quelques légers coups d'une main faite d'écorce de bambou tressée ; les péchés sont effacés.

Tous les gens de la noce réunis, le fiancé va se laver les pieds — opération plutôt tardive — et se revêtir de vêtements d'un blanc immaculé ; puis, s'accroupissant sur une natte ou tapis d'honneur, il pose une de ses mains entre les deux mains du principal personnage de l'assemblée et lève l'autre vers le ciel.

Aussitôt l'iman recouvre celle-ci d'un mouchoir blanc et récite quelques paroles du Coran.

Le festin suit immédiatement au bruit du *culintangan* (1) et des salves de coups de fusil.

Plus les familles sont riches, plus nombreux sont les conviés.

La soirée se termine par des danses guerrières, et la fiancée, strictement voilée, est remise entre les mains de sa belle-mère, ou, à son défaut, entre celles de la plus proche parente de l'époux.

Le blanc, de rigueur pour le costume des mariés, l'est aussi pour les morts.

Dès que l'agonisant a rendu le dernier soupir, on le roule de la tête aux pieds dans une toile enserrant quelques plantes aromatiques.

Les invités réunis dès le lendemain, la cérémonie commence par l'inévitable festin. Ceci fait, le cadavre est emporté sur les bras de ses parents les plus proches, aux vibrations lamentables du gong, jusqu'à la fosse qui lui a été préparée.

Cette fosse de deux mètres de long est creusée en forme de lune ; sur l'un des côtés, une sorte de grotte est ouverte où l'on dépose le cadavre ; on remplit ensuite la première fosse de piquets de bois plantés droits que l'on recouvre de terre soigneusement tassée. Pendant ce temps,

(1) Instrument de musique national.

deux personnes de la famille agitent d'énormés écrans de façon à éloigner les mouches.

Aux deux extrémités de la sépulture, on pose alors un plateau chargé de vivrés et de rafraîchissements ; l'iman arrive, dépêche quelques prières, fait disparaître avec un sérieux parfait le contenu des plateaux et disparaît.

Cette opération gastronomique terminée, apparaissent les gardes-morts ou *tunguquibules* qui doivent veiller le défunt pendant un certain nombre de jours et de nuits, et que l'on paye en repas, étoffes et armes.

Les ressources viennent-elles à manquer, les tunguquibules abandonnent leur garde.

Si, chose rare, la famille refuse l'office des gardes-morts, les imans qui fournissent ces veilleurs et entrent dans leurs bénéfices, font courir le bruit que le défunt s'est échappé et court le pays semant partout la terreur.

Ils nomment ce fantôme *pagnata*, et ne cessent d'en faire un épouvantail que lorsque la famille, fatiguée, harcelée de plaintes, consent enfin à se soumettre, à faire surveiller ces morts trop remuants.

III

Quelques lignes empruntées en partie aux lettres publiées à Manille par le R. P. Mateo Gisbert, de la Compagnie de Jésus, donneront une idée des périls affrontés dans les îles de Soulou et de Mindanao par les Pères envoyés en mission dans ces dangereux parages. Là, Guiangas, Mandayas, Tagabawas, Manobos, Bagobos luttent de traîtrise et de férocité.

« Les Bagobos, nous dit le Révérend, toujours fidèles aux épouvantables coutumes des ancêtres, sont de terribles sacrificateurs.

» Dans leurs principales fêtes, qui ont lieu deux fois par an, au moment de semer le riz et à l'époque de la récolte, ils se réunissent dans la case du chef à l'heure du crépuscule, boivent et mangent la nuit tout entière au son d'une musique infernale; le mot est donné de proche en proche, chacun sait où il doit se rendre au cours de la nuit suivante.

» Le lieu a été choisi au centre de quelque bois épais,

de façon à ce que rien de la sinistre tragédie ne puisse parvenir aux oreilles de l'autorité.

» On traîne là le malheureux esclave destiné à l'immolation. Le plus souvent, c'est un des leurs, coupable d'avoir reçu le baptème; il est attaché à un arbre, puis tous ces démons, dansant autour de lui une sorte de sarabande effrénée, s'arrêtent de temps à autre pour le larder de leurs couteaux affilés. Le corps du misérable n'est plus qu'un amas informe; les énergumènes frappent, frappent encore jusqu'à ce que le jour, apparaissant enfin, mette un terme à cette scène d'horreur.

» Les Bagobos reprennent alors le chemin de la case du chef, lequel, prenant en main une coupe d'eau-de-vie de coco, adresse au grand génie du mal, *Darago,* cette invocation :

« *Darago,* esprit tout puissant qui nous gouverne, nous
» venons de célébrer cette fête avec la volonté de t'être
» agréable, t'offrant *de tout cœur* le sang du sacrifice
» accompli et ta part de cette eau-de-vie, afin que tu nous
» sois ami, que tu nous accompagnes et nous protèges
» dans nos guerres. »

» Suit une longue litanie dont les versets s'adressent à des dieux secondaires.

» Encore, si les immolations humaines des Bagobos se bornaient aux infortunés mis à mort aux fêtes du riz ; mais

les occasions d'offrir des victimes à Darago sont sans cesse
renaissantes, soit pour obtenir un bon mariage, des
enfants beaux et vigoureux, un temps propice aux mois-
sons, l'éloignement des typhons, tremblements de terre,
incendies; soit surtout et invariablement au moment où une
famille quitte le deuil ou *balaoan;* on s'annonce la cérémonie monstrueuse comme entre chrétiens on s'annonce
une fête, et le bois sinistre revoit passer sous son ombre la
sanguinaire horde.

» Si le Bagobo et les siens habitent par hasard quelque
lieu peu éloigné des autorités ou même un village de
chrétiens, l'esclave destiné au sacrifice est emmené bâillonné
avec soin dans quelque lieu désert souvent assez proche,
et le drame de sang s'accomplit alors en silence.

» Plus redoutables encore sont les Mandayas; ceux-ci
massacrent non seulement en vue du butin, mais plus
encore pour ce qu'ils appellent *la gloria.*

» Ils n'élisent pour chef que celui d'entre eux qui peut
prétendre au titre glorieux de *bagani,* traduction exacte
tueur-vaillant. Or, pour obtenir ce titre, il faut justifier de
soixante têtes coupées!!... Lorsque l'on songe que tous
les datos ou chefs de l'archipel de Mindanao et de Soulou
sont baganis, on comprendra ce mot qui a été dit en par-
lant de nos missionnaires : « Ils vont, luttent, portant la
bonne parole dans le *pays de la terreur.* »

» Un dato de Sibulan, mort centenaire (faveur accordée par le terrible Mandarangan au nombre fabuleux de victimes qu'il lui avait offertes), ayant voulu, tout jeune encore, épouser la fille d'un autre dato, ne put obtenir la main de la princesse qu'après avoir coupé soixante têtes humaines et en avoir fait la preuve en apportant les cent vingt oreilles au père de sa dulcinée.

» Naturellement, à la mort de pareil héros, on dut faire couler des flots de sang sur la tombe. Son fils Manig et tous les autres membres de la famille ne quittèrent le deuil qu'après avoir sacrifié vingt esclaves aux mânes du centenaire.

» Mandayas et Bagobos prétendent avoir deux âmes dont chacune adore le dieu par lequel elle a été créée.

» *Tiquiania*, le dieu bon, a fait toutes choses ; quelque peu nonchalant, semble-t-il, il a usé de l'aide d'autres petits dieux toujours à ses ordres.

» *Mamale* fit la terre, *Macacoret* l'air, *Macaponguis* l'eau ; enfin *Damacolén* éleva les monts, *Mamale* se trouvant sans doute un peu fatigué de son effort.

» *Darago* a aussi ses aides de camp qui l'assistent dans l'œuvre du mal, si nombreux, ceux-là, qu'il faut renoncer à citer leurs noms.

» Le pauvre *Tiquiania* a le sort trop souvent réservé dans ce monde à ceux qui ne se font pas craindre.... On

l'oublie. Toutes les adorations se portent vers son terrible collègue dont on veut capter les faveurs et désarmer
les colères.

» Un des plus grands *obséquios* (lisez politesse) qu'on
lui puisse faire est de tailler grossièrement un morceau
de bois en forme humaine et de le lancer dans la rivière ou
dans un étang en compagnie d'un petit, très petit sac de
riz, le tout en prononçant ces aimables paroles : « O Dieu
qui donnes la mort, reçois, en échange de ce que nous te
demandons, cette figure faite à l'image de la nôtre et ce riz
qui calmera ta faim. »

» Ici une réflexion s'impose. Ce terrible *Darago* est
vraiment doué d'un bien petit appétit ; quant à la figure
humaine, on a dû s'apercevoir à l'usage qu'elle avait peu
d'efficacité, les excursions nocturnes dans la forêt en étant
une désolante preuve. »

Dans une autre lettre, le Révérend Père déplore les difficultés causées à la propagation de la foi chrétienne par les
baïlanas (1) mandayas.

« Ces femmes, raconte-t-il, sont comme les prêtresses
du mandayisme et en exercent en quelque sorte les fonctions, telles, par exemple, que d'offrir les sacrifices aux faux

---

(1) Traduction littérale : *danseuses.*

dieux, les invoquer pour les maladies, épidémies ou calamités quelconques.

» Leur autorité est considérable; leurs concitoyens et même les autres tribus de l'archipel les considérant comme intermédiaires entre eux et leurs divinités, comme inspirées de leur esprit, comme les organes choisis pour transmettre aux hommes leurs volontés mystérieuses.

» Nul ne doute que ces sortes de prêtresses ne soient des êtres supérieurs, d'essence tout à fait particulière, au-dessus de la vulgaire humanité; les baganis eux-mêmes s'inclinent devant cet occulte pouvoir, et ces races du Sud sont à un tel point superstitieuses et crédules que le nombre de ces baïlanas peut s'accroître impunément sans que la confiance en leur mérite et en leur puissance en soit ébranlée.

» Inutile d'ajouter que la profession est des plus lucrative, chaque acte de la baïlana, sacrifice, prière, pétition aux dieux, étant généreusement rétribué; de plus, elle participe pour la plus large part aux dons faits sous son inspiration à la divinité.

» Dans de telles conditions, il est fort difficile d'attirer ces femmes au christianisme, alors cependant que leur conversion serait d'une importance si considérable pour le succès de nos missions.

» Leurs *pagdinatas* ou sacrifices en honneur des dieux sont chose absolument répugnante et sauvage.

» Sous une sorte de hangar assez vaste on élève une manière de petit autel sur lequel sont placés les *manaugs* ou images des susdits dieux tirés du bois de l'arabe *bayog*, arbre sacré uniquement réservé à cet usage.

» Ces dieux peu difficiles semblent se trouver on ne peut mieux sur ces autels en compagnie de l'infortuné porc qui les partage avec eux, et qui, comme s'il comprenait toute l'horreur du sort auquel il est destiné, se livre, en dépit des divinités ses voisines et de la solennité du lieu, aux hurlements les plus effroyables.

» L'heure fatale sonne, la baïlana apparaît aux sons d'instruments barbares, vêtue du *baro* (1) rouge, insigne de sa profession et qui la distingue des autres femmes.

» Elle brandit le *balarao* (2) et, sans faire languir la victime, — il faut lui rendre cette justice, — le plonge dans la gorge du pauvre animal ; le sang jaillit : aussitôt la baïlana se précipite, boit à longs traits à l'ignoble source.

» C'est là qu'elle puise, soi-disant, l'esprit de prophétie qui lui dicte ses augures comme aussi les inspirations des dieux.

» A peine a-t-elle goûté au sanglant breuvage qu'elle semble possédée de l'esprit infernal, tout son corps tremble, ses membres se tordent, l'écume vient aux lèvres.

(1) Sorte de tunique.
(2) Court poignard à lame assez large.

» Évidemment ces femmes, au moment où elles se précipitent sur la blessure, doivent, avec une grande adresse, avaler quelque drogue qui produit sur elles les effets singuliers que nous voyons se produire.

» Arrivées à l'apogée de cette fièvre, elles saisissent un instrument de cuivre sur lequel elles frappent avec frénésie en chantant l'hymne mandaya :

> « Miminsad, miminsad Mansilatan
> Opod si Badla magadayao nang dunia.
> Baïlan, managunsayao,
> Baïlan managanliguit. »

» Ce qui veut dire :

> « Il est descendu, il est descendu, Mansilatan
> Et avec lui Badla qui conserve la terre.
> Baïlanas, dansez !
> Baïlanas, tournez, tournez et virez pour lui. »

» Le tout finit, cela va sans dire, par l'engloutissement du porc rôti et l'ivresse universelle des adorateurs de Badla et Mansilatan. »

Hélas ! combien de chrétiens ont, dans l'ombre et le silence des forêts, remplacé sur l'autel, à côté des grossières idoles, l'animal immonde égorgé seulement dans les villages soumis à la surveillance du Protectorat.

Combien de martyrs de nos sublimes missions cachent cette féroce terre du Sud !

Les Bagobos sont superstitieux à l'extrême, et, chose bizarre à noter, leurs superstitions sont absolument les mêmes que celles rencontrées dans l'Inde.

Aperçoivent-ils une couleuvre, un scorpion; rencontrent-ils une veuve avant une certaine heure du jour; éternuent-ils au moment de sortir de leur maison : présages terribles ! Ils rentrent, ou, si le péril leur semble trop grave, vont demander au *matanom*, prêtre préposé à ces sortes d'aventures et grand conservateur des antiques coutumes, d'intercéder auprès du bénévole *Tiquiania*, afin qu'il daigne conjurer le mauvais sort.

Quand le prêtre visite un malade, il lui enserre les poignets et les chevilles en des espèces de menottes de cuir, destinées à empêcher l'âme de s'enfuir.

Nul mort n'est enterré sans emporter sa ration de riz, de poissons secs et de bananes pour le chemin. On place aussi dans la tombe le *buyo*, qu'il mâchera pour se distraire.

Jamais, à l'époque des récoltes, le Bagobo ne mange ou ne vend un grain de riz avant d'avoir fait la part des instruments aratoires qui lui ont servi à cultiver sa terre; cette part, déposée sur le sol et promptement dispersée par le vent, dévorée par les insectes, est censée avoir été mangée par les ustensiles de culture.

Un de leurs oiseaux, le *limocon*, est, pour cette race, le messager des dieux. Dès qu'il entend son chant, le Bagobo s'arrête net, regardant avec inquiétude autour de lui.

S'il voit quelque chose de particulier, comme, par exemple, un arbre tombé sur le sol, le chant de l'oiseau est

Indiens Tagals pileurs de riz.

un avertissement l'engageant à ne pas aller plus loin s'il ne veut subir le sort de cet arbre.

Si, au contraire, il ne voit rien qui le puisse inquiéter, il suit sa route, joyeux, plein de confiance, car le ramage du limocon lui annonce toutes sortes de succès.

Le vol est presque inconnu chez ces Bagobos assassins ; nous entendons le vol isolé, en quelque sorte domestique,

3

car le pillage à main armée dans les expéditions n'est point considéré comme tel.

La raison de cette honnêteté... relative est assez originale. Le volé va trouver le prêtre qui lui vend assez cher certaine poudre mystérieuse ; de retour chez lui, l'homme vide un œuf, y introduit la précieuse poudre et l'approche du feu. Au bout de quelques minutes, il brise l'œuf et... le larron meurt infailliblement dans l'année.

Cependant il arrive presque toujours que le voleur, informé de l'opération et pris de terreur, vient confesser son crime, suppliant le vengeur de ne pas briser la coquille, cela avec d'autant plus d'ardeur que, par un effet bizarre d'imagination, il croit ressentir par tout le corps des douleurs intolérables et se roule sur le sol comme un possédé jusqu'à ce que le volé lui assure que l'œuf ne sera pas brisé, mais consumé par la flamme.

Ce moyen d'en finir est, paraît-il, tout à fait inoffensif.

IV

Les Espagnols ont ou *avaient* dans l'archipel des Philippines une colonie merveilleuse, d'une incroyable richesse : tabac, *ylang-ylang*, sucre, indigo, abaca (sorte de chanvre), cacao, riz, fruits exquis; mines d'or, d'argent, de charbon, de kaolin, de pétrole, gisements de cuivre, de plomb, de fer, de soufre, peu ou pas exploités en dépit des nombreuse concessions accordées. Les Indiens font même la pêche des huîtres perlières sur les côtes du Pacifique; mais ces perles, petites, ont peu d'orient.

Plus productive est la chasse aux nids d'hirondelles — *salanganas* — vendus aux Chinois jusqu'à trois cents francs les vingt-deux onces, ce qui serait fabuleux si cette chasse ne se faisait dans des rochers presque inaccessibles, au prix des plus grandes fatigues et de périls réels.

Le commerce d'importation se compose... de toutes sortes de choses y compris les *modes parisiennes*.

Les fabriques de tabac sont très nombreuses dans l'île de Luçon.

Les manufactures de céramique ont donné, lors de l'Exposition Philippinoise à Marseille, des produits remarquables.

Il n'existe encore qu'un chemin de fer, qui va de la capitale à Dagupan en parcourant un trajet de 180 kilomètres.

La population de l'archipel, de huit à treize millions selon les auteurs, est dispersée sur douze cents îles ou îlots d'une richesse, d'une fertilité incomparables; sur ce nombre, on compte 650,000 Chinois, 25,000 Européens; puis toute une pléiade de races distinctes, Moros, sauvages, Negritos ou Aëtas, premiers possesseurs du sol. On y parle vingt-cinq idiomes et plusieurs dialectes.

Quant au climat, il est loin d'être aussi anodin que l'amour-propre des conquérants veut bien le prétendre; la dysenterie, la variole, la lèpre, le *béribéri* y régnent à l'état endémique; le choléra y fait de temps en temps de redoutables apparitions.

L'Indienne, principalement, lorsqu'elle a dépassé la jeunesse, est fréquemment sujette à la plus curieuse des maladies.

Quel que soit l'acte que lui ordonne de faire une personne quelconque, européenne ou de sa race, comme danser, chanter, saluer, etc., etc., non seulement, elle le fera aussitôt, mais le répétera indéfiniment, dût-elle en tomber morte de fatigue, et cela jusqu'à ce que la personne qui a commandé cet acte lui ordonne de le cesser.

Presque toujours l'Indien attribue la mort à un *viento* (coup d'air) lancé par quelque mauvais génie ; cela répond à tout, qu'il s'agisse d'accès pernicieux, de ruptures d'anévrisme, ou de congestions pulmonaires foudroyantes, très fréquentes dans le pays.

Depuis quelques années, les fièvres pernicieuses s'attaquent à l'Européen et causent de grands ravages ; mais le mal dissolvant par excellence, celui auquel bien peu de colons échappent, c'est l'anémie, d'une intensité si grave dans tous les pays tropicaux.

Cet air presque constamment orageux, saturé d'humidité chaude, énerve et brise l'Européen ; très vite il dépérit, s'annihile et meurt, s'il ne vient de temps à autre se retremper, faire provision de nouvelles forces en Europe ou au Japon.

Il n'existe dans l'archipel que deux sortes d'animaux vraiment dangereux : le petit buffle sauvage, les serpents ; mais on peut dire que ces îles sont le paradis des scorpions, des mille-pieds géants, des moustiques, des fourmis rouges, tous insectes à piqûres affolantes. Parmi les serpents, il en est deux spécialement redoutables, le serpent-fil — qui se retrouve aussi dans l'Inde, — de la couleur, grosseur et longueur d'un ver de terre ; quand de sa bouche si petite il peut saisir un mince repli de chair, la mort se produit irrémédiablement en quelques minutes. Presque aussi terrible

est le *datum palay*, serpent des rizières. Il y a cependant
un antidote à son poison, l'alcool absorbé à haute dose
à l'intérieur et employé en frictions vigoureuses ; c'est à
Paris, au laboratoire du Muséum, que ce procédé a été
découvert il y a quelques années. Pour échapper à la
mort, le patient doit arriver au dernier degré de l'ivresse.

En dehors des grands fauves, presque tous les animaux
connus dans les autres parties du monde peuplent les forêts
des Philippines.

Nous y avons vu des araignées grosses comme des roi-
telets, des mille-pieds de douze à quinze centimètres
de long.

On trouve cependant dans les îles du Sud occupées par
les Moros l'éléphant de petite taille et le rhinocéros.

Le serpent python, mesurant parfois jusqu'à cinq mètres,
se rencontre dans tout l'archipel ; il est inoffensif.

Mais la plaie de l'explorateur qui s'aventure dans les
forêts vierges, où l'humidité est continuelle, c'est la petite
sangsue, mince, déliée, qui cherche à s'introduire dans son
nez, dans ses oreilles, le dévore, peut même parfois devenir
un véritable danger ; seul un grand feu allumé et des
lavages au jus de tabac réussissent à l'éloigner.

Une autre plaie pour les indigènes est l'invasion des
sauterelles, qui font leur apparition presque régulière tous
les sept ans.

Partout ou elles s'abattent, la désolation est complète, le sol entièrement dépouillé.

Quant aux crocodiles qui furent pendant si longtemps la terreur de l'Indien, ils ont presque entièrement disparu de l'archipel.

Les requins hantent les eaux de Cavite, et, chose singulière, ne s'approchent jamais de celles de Manille.

Dans une seule province, on rencontre assez rarement une merveille unique, le cerf *pilandor*, petit animal de formes parfaites, réduction lilliputienne du cerf de nos pays, haut à peine de trente centimètres; le cerf pilandor meurt invariablement après quelques jours de captivité.

En somme, colonie belle entre toutes qui constituait pour l'Espagne un incomparable trésor colonial, où, par mille côtés non encore mis en valeur, la fortune sourit à tout pionnier hardi qui, bravant les quelques fléaux inhérents à ses conditions climatériques, vient y planter sa tente.

L'Européen cependant doit se presser de faire fortune; après cinq ou six années de séjour, il prend presque invariablement les coutumes amollissantes du pays; il somnole en quelque sorte moralement et physiquement écrasé par le climat. Il est *aplatanado*, comme l'on dit ici; or *platano* est le nom du fruit fade et cotonneux du bananier.

Il souffre surtout de façon vraiment pénible de cruelles et fréquentes migraines dont l'Indien n'est pas plus exempt.

Les femmes tagales ont, pour soulager ce mal, un procédé qui, si bizarre qu'il paraisse, réussit presque toujours ; elles appuient, avec une force dont on ne les croirait pas capables, leurs pouces menus mais solides comme de l'acier sur les tempes du patient, tournant lentement, semblant vouloir les faire pénétrer dans la tête ; de temps en temps elles varient le traitement, pétrissent le crâne de façon spéciale ; cet exercice singulier se nomme *pitchi-pitchi*. Même pratique se retrouve chez les Japonais.

Autrement cocasse est celle employée pour la guérison de l'asthme, maladie très répandue dans le pays ; un infortuné lézard cuit au four et réduit en une poudre noirâtre qu'absorbe le malade en fait les frais.

V

Nous approchons du grand archipel de Majellan ; la mer, calme, baignée de clarté, boit avidement le soleil ; la lumière se pose en paillettes à la cime des flots, et tout à coup, à la droite du Paragua, apparaissent de petites îles charmantes rappelant l'entrée incomparable de Singapour.

Nous passons si près que parfois l'ombre des verdures gigantesques caresse le pont ; l'air s'imprègne d'une odeur de terre chaude, de délicieux mais trop lourds parfums.

Dans ces îles, nulle trace d'habitants, le grand silence de la forêt vierge. Un bruissement de bambous doux et lent vient jusqu'à nous. . . . .

. . . .

On signale à l'horizon quelques taches brumeuses, c'est la Sierra de Marivèles dominant la baie de Manille — la plus somptueuse du monde, — où, toute grise dans l'entassement de ses toits, de ses monuments massifs, dort l'antique Ciudad (1).

(1) On donne ce nom à la ville murée.

En face, la malheureuse Cavite, naguère si vivante et si gaie, dont on répare aujourd'hui les ruines.

Le soleil rougeoie, la mer s'illumine de tons violents, les grands paquebots immobiles ont d'immenses ombres allongées.

Peu à peu les mouvements de la machine se ralentissent; nous stoppons, et, dans le branle-bas accoutumé des fers secoués, des cris de l'équipage, des commandements pressés, l'ancre tombe.

Après une visite méticuleuse du service de la santé et par *cortésia*, le commandant nous offre l'hospitalité à bord de sa chaloupe à vapeur et nous conduit vers le Pasig, cette gloire de Luçon. Le magnifique fleuve traverse la ville, la coupe de ses bras nombreux; de là, un second surnom donné à la capitale, celui de Nouvelle Venise. Le bras principal canalisé a été converti en port d'une importance considérable, où, sur triple rangée, mouillent des bateaux de tous pays, ainsi que les voiliers et bancas indigènes qui y demeurent à l'ancre le temps nécessaire au déchargement des marchandises. Ce travail est presque toujours exécuté avec une activité vertigineuse par les colis chinois. Les grands steamers seuls demeurent en rade.

Nous débarquons près de la capitainerie du port; les quais présentent une animation rare en ces pays de farniente. Un landau attelé de deux chevaux nous emporte.

Ravissants et lilliputiens ces chevaux de l'archipel d'une
étonnante perfection de formes, d'un courage singulièrement méritoire sous ce ciel de flammes; leur trot vif, ner-
veux, nous mène, non sans de grands détours, vers la case
tagale (ici la plus fraîche des habitations), retenue pour
nous à l'extrémité du charmant village de Sompaloc.

Le cheval n'est pas de race indigène ; il n'a pas de nom
dans les diverses langues ou dialectes du pays.

D'où fut-il amené? On l'ignore. Cependant leur ressemblance frappante avec leurs frères malais semblerait leur
assigner les îles de la Sonde et la presqu'île de Malacca
comme lieu d'origine.

Dans certaines provinces, ces vaillants petits animaux
grimpent dans la montagne comme de véritables chevreuils,
se laissant, en cas de glissade, aller sur les quatre pieds,
jusqu'à ce que quelque obstacle venu à propos les arrête.
Tombent-ils, ils se relèvent vaillamment et recommencent
tranquillement l'ascension.

Manille se compose de deux parties bien distinctes, la
Ciudad ou ville murée, entièrement ceinte de fortifications
dont l'établissement remonte à Philippe II (1591-1595), et
les faubourgs ou ville marchande, beaucoup plus grands que
la cité proprement dite, très nombreux, dont quelques-uns
ravissants et fleuris.

Nous traversons la Ermita, Paco, San-Sébastian, où se trouve une église en fer apportée de toutes pièces d'Europe; San-Sébastian, San-Miguel, petits Édens où les négociants européens ont leurs demeures particulières, somptueux logis où, chaque soir, dans un air un peu moins étouffant, dans un calme absolu, ils viennent, selon la coutume anglaise, se reposer des fatigues du jour.

Binondo, vrai centre commercial où la vie est intense, le mouvement et la circulation exaspérés; en parcourant les deux rues principales et à ne considérer que leur activité vertigineuse, on pourrait se croire en Europe.

La Escolta (rue de l'Escorte) est bordée de magasins superbes : bazars, bijouteries.

La *calle del Rosario* nous transporte en plein Empire chinois; c'est ici d'un bout à l'autre le domaine des Célestes: boutiques petites et sombres, mais où se fait un chiffre d'affaires énorme.

Ni belle ni bonne la marchandise vendue, mais d'un bon marché inouï, ruineux d'ailleurs.

Tout y est camelote et tout vient d'Allemagne.

Journellement des colis, des caisses énormes arrivent là, stationnent devant les portes; le déballage se fait *coram populo*, tout portant l'estampille HAMBOURG.

La population se divise en trois castes bien distinctes : Blancs, Morenos, Chinois.

Les Morenos (Moreno, brun foncé) sont les Indiens et les métis; ils forment la grande majorité de la population, pauvres hères taillables et corvéables à merci.

On classe les Chinois en Chinois purs et en *Sangléyés*, métis d'Indiens, ou, très rarement, de blancs.

Une chose très originale est de les rencontrer transportant d'un quartier à l'autre une maison tout entière, posant sur quinze à vingt bambous tenus à chaque extrémité par deux ou trois de ces courageux colis. Ces déménagements radicaux sont assez fréquents dans les faubourgs. L'Indien, comme le métis, se fatigue-t-il de son quartier : c'est tout simple, on emporte la case que l'on rétablit sur de nouveaux pilotis. Mais ce sont là travaux trop durs pour l'indolence tagale; on appelle *John Chinaman* que l'on exècre sans avoir l'énergie de se passer de ses services; aussi la race menace-t-elle d'envahir tout l'archipel. Le Chinois est ici partout, fait tout, s'empare de tout. Dans certaines provinces, ils ne laissent plus aucun métier aux indigènes, se soutenant du reste parfaitement entre eux. Jamais un Céleste ne prend pied aux Philippines sans y être reçu par un autre Fils du Ciel, qui l'instruit, le pilote, l'aide au besoin de ses propres deniers; car, avant de débarquer, tout Chinois doit payer un impôt de vingt-cinq dollars, impôt spécial exigé d'eux par la suite chaque année comme droit de séjour.

Du reste, ce peuple peu sympathique a ses qualités.

Intelligent, infatigable, sobre, rien ne rebute le fils de la Chine; à moitié rôti sous le soleil, à moitié noyé sous la pluie, il court, court sans cesse et ne consent à marcher au pas ordinaire que lorsque, gros personnage arrivé, il possède enfin pignon sur rue, magasin bondé de marchandises et *parrain européen.*

Sachant qu'il n'arriverait rien aux Philippines s'il ne paraît se convertir au catholicisme, il se fait baptiser sans remords, se marie, et quand le magot lui semble suffisamment rondelet, reprend un beau jour, sans tambour ni trompette, le chemin de sa chinoise patrie, abandonnant femme et enfants aux soins de la Providence; cela se voit tous les jours, et rien ne peut corriger Européens et Indiens de leur incroyable confiance.

Les Chinois abondent surtout à Manille; il y en a là près de cinquante mille.

Une de leurs spécialités consiste à fournir de cuisiniers les familles riches.

Presque tout le commerce de détail est entre leurs mains; non contents de vendre dans leurs boutiques, ils se transforment en colporteurs, parcourent les rues, montent dans les maisons, offrent leurs marchandises. Ces industrieux Fils du Ciel vont par deux, le vendeur coquettement vêtu de blanc immaculé, la queue soigneusement tressée et luisante. Le colis suit, et c'est pitié de le voir, à peine couvert de haillons, peinant, suant, trottant, souffrant, chargé de deux énormes ballots suspendus à une tige de bambou ; mais patience, celui-là, comme le maître, fera fortune. « Time is money. »

La véritable aristocratie du pays est constituée par les familles des gros négociants européens, société très fermée ne frayant pas avec les fonctionnaires espagnols, acceptant à peine les invitations du capitaine général. Ici comme partout, les Anglais sont chez eux, vivent entre eux, ayant leur club, principal très exclusif auquel sont adjoints divers autres clubs, où, en dépit de la chaleur anémiante, stupéfiante, ils se livrent avec ardeur à leur goût pour le tennis, le foot-ball, la bicyclette, le rowing.

Race solide, merveilleusement entraînée, ils courent les rallye-paper, cross-country, steeple-chase, tout en buvant des quantités surprenantes de gin, cocktail, pale-ale, stout et *tchainepène* (lisez champagne).

Où va se nicher la mode? Le bon ton exige que la liqueur moussue ne soit servie qu'en demi-bouteilles ; l'amphitryon qui ferait circuler des récipients ordinaires serait disqualifié.

Les Espagnols vivant à Manille sont pour la grande majorité fonctionnaires ou officiers. Tous ou presque tous accomplissent le plus étonnant des miracles : vivre pendant

dix ans (c'est en moyenne la durée de leur séjour) comme
des grands seigneurs avec des appointements plutôt minimes
et... partir emportant une fortune. Tel petit employé arrivé
sans un sou, en possession de femme et enfants, émarge
tous les mois quarante ou cinquante piastres (deux cents ou
deux cent cinquante francs que la perte du change réduit
de moitié), dépense douze mille francs par an, a chevaux,
voitures, nombreux domestiques, et, son engagement décen-
nal terminé, rentre dans sa chère Ibérie heureux possesseur d'un magot de deux ou trois cent mille francs....
Mystère !

Depuis quelques années, on bâtit ici d'assez belles maisons à deux étages, d'une construction toute spéciale, qui
résistent aux tremblements de terre, rafraîchies par un
double toit en zinc établissant une large circulation d'air ;
divers tramways soit à vapeur, soit traînés par des chevaux,
sillonnent ces rues pleines de vie, de mouvement, de
gaieté.

Diverses administrations, le clergé, les couvents, occupent
la Ciudad, triste, ruinée, décrépite, réunie à la cité marchande par le pont d'Espagne.

Sous cette chaleur d'étuve, comme partout en Extrême-
Orient, même grouillement de foule dans les voies poussié-
reuses, même odeur fauve de chair jaune, noire, rouge,

même puanteur intolérable quand on passe devant la ver-
mineuse boutique du Chinois. Ah! cette odeur du Chinois!
pour qui la connaît, combien compréhensible la boutade
du voyageur qui disait :

— Qu'un coup de
vent me transporte
subitement, les yeux
bandés, dans une ville
quelconque au bout du
monde, si c'est une
ville chinoise, je jure
de m'en rendre compte
immédiatement à l'o-
deur.

Ce composé de re-
lents pestilentiels n'ap-
partient qu'aux Cé-
lestes.

De petits Tagals
passent, accoutrés avec

La *Escolta,* principale rue de Manille.

une impayable fantaisie : chemise flottante sur le pantalon
clair, le chef couronné d'un chapeau melon ou canotier,
les pieds nus dans l'escarpin ; quand ça gêne, c'est bien
simple, on pratique dans le cuir, même le plus verni,
une incision libératrice, et la partie blessée, le pouce ou

le petit doigt le plus souvent, prend l'air tout à son aise.

Fort bien faits dans leur taille exiguë, ces Tagals d'allure souple et féline, la face patinée de bronze fin, l'œil vif, le nez quelque peu épaté, les dents superbes, les extrémités toujours fines; quand les pommettes ne sont pas trop saillantes, il peut avoir une physionomie fort agréable.

Les cheveux plats sont abominablement empouacrés d'huile de coco, excellente nourriture, semble-t-il, pour certains parasites qui croissent, se multiplient envers et contre toutes ablutions sous ces forêts si consciencieusement soignées.... Question d'atomes crochus sympathisant de la... petite bête à l'Indien.

Crieurs de journaux, d'eau fraîche, de glaces, d'œufs bouillis, contenant le petit poulet prêt à éclore, — ce qui a fait avancer par certains voyageurs cette énormité que les naturels des Philippines, comme les Chinois, se nourrissaient d'œufs pourris, — marchands de crevettes au parfum nauséeux marinées sous le soleil; puis, porteurs de *tapa*, viande de cerf séchée, et enfin de toutes sortes de surprenantes choses, régals sans pareil des métis et des Indiens.

D'autres, marchands d'oiseaux, et quels oiseaux! des merveilles! des singes, ces effrontés roulant des yeux clignotant sous des paupières affolées, crissant des dents à l'adresse des passants.

Dans la rue *del Rosario*, tout entière occupée par le commerce chinois, quelques magasins assez élégants, des bazars, des boutiques, fouillis d'étoffes rutilantes, de laques, de cuivres, d'émaux.

Sur les brûle-parfums de bronze, sur les flancs des potiches ventrues, toute une floraison extravagante; tout un enroulement de chimères, de dragons ailés.

Tapi comme une araignée à l'affût, derrière sa marchandise, de son petit œil perfide à l'expression à la fois hostile et cafarde, *John Chinaman* guette le client.

Dans le mystère des arrière-boutiques, en quelque coin sordide masqué de caisses, de draperies, d'oripeaux, sont les fumeries d'opium.

Plus cachés, plus enfouis encore dans l'ombre des recoins ignorés, les autels lilliputiens, souvenirs de la patrie chinoise.

Dans la *Escolta*, rue genreuse, mouvementée, quelques beaux magasins européens, des pâtisseries. Triste infiniment est de rencontrer, dans ces *calles* pétillantes de bruit, la chaîne honteuse des « Présidiarios, » de ces malheureux forçats qui, tête rasée, couverts de souquenilles blanches, sales, loqueteuses, s'en vont — lamentable troupeau — hués, frappés, se livrer aux plus rudes travaux sous un soleil à faire éclater les crânes.

Il y a quelques trente ans, le maître mécontent de l'un

de ses serviteurs l'envoyait à l'alcade porteur d'un bon de dix, vingt, trente coups de rotin; jamais le *muchacho* (1) n'osait se dérober au châtiment par la fuite, et il rentrait avec un reçu bien et dûment paraphé des autorités.

Cet usage barbare fut aboli. L'Indien y gagna d'être fustigé à domicile.

Des voitures de toutes sortes se croisent, calèches antédiluviennes, victorias, landaus, coupés *carromatas*, *calesas* du riche métis ornées d'argent et parfois de nacre, *quilés* de louage; des cyclistes filent entre les véhicules dos rond, visage ruisselant.

Les femmes de la colonie étrangère sont d'une extrême élégance quoique un peu retardataire, presque toujours habillées à Paris.

Très belles les Espagnoles et quelques-unes des métisses, d'une blancheur incroyable, portant encore la sémillante mantille.

Des Indiennes sortent des manufactures de tabac, pimpantes, gaies, ayant oublié déjà le lourd labeur, et, toutes charmantes, s'en vont joyeusement le long des rues principales avec un balancement joli et particulier des hanches, le *ménéo*, la démarche onduleuse, ponctuée du claquement des *chinelas* (2).

(1) Domestique.
(2) Pantoufles de velours brodées de perles.

Traits chiffonnés, d'un bronze plus ou moins foncé, mais qu'anime singulièrement la vivacité de la physionomie.

La Tagale porte avec une grâce infinie une longue *saya* (1) serrée autour des hanches par une large pièce de soie noire enroulée, une chemisette de fine batiste du pays, un fichu tombant libre sur la poitrine. Par la chevelure, leur orgueil, elles évoquent les héroïnes des contes de fées : c'est un ruissellement de jais qui va parfois jusqu'à terre. Elle a la passion des bijoux ; pas un village aux Philippines, si humble soit-il, qui ne possède son *platero* (bijoutier), et cet artiste ne chôme guère.

Les vieilles sont horribles ; toutes ces frimousses gentilles dans la jeunesse, qui rappellent le type de la Japonaise, tournent au simiesque achevé en vieillissant.

Notre cocher va ce train d'enfer qui fait que l'on se demande, à chaque tournant de rue, par quel miracle l'on n'est pas encore en morceaux ; mais il faut arriver à la *Luneta* avant la tombée si prompte du crépuscule.

Ce *paseo* (promenade) jouit parmi les voyageurs d'une réputation unique et parfaitement méritée.

Au bord même de la vague, des voitures innombrables se rangent, des parlottes s'organisent ; une foule diaprée s'agite ; la musique militaire, excellente d'ailleurs, joue des

_____

(1) Jupe traînante.

airs d'opéras ou d'opérettes généralement français, des danses espagnoles, *habaneras*, *fandangos*, *seguedillas*.

De grands souffles vivifiants viennent du large; c'est une halte infiniment douce, un décor gai, coquet, étonnamment réussi.

Soudain le soleil, globe de pourpre flottant dans l'or, et le vert pâle du ciel, semblent tomber dans les flots; quelque temps une clarté rose demeure et très vite disparait; les parlottes se taisent, les rires s'éteignent, c'est une débandade folle.

Les étoiles se lèvent, semblent ici plus près de nous.

Nous filons vers Sampaloc; les cases de *nipa* (1), panneaux tirés, sont ouvertes comme de grandes cages, et oublieux des tristesses récentes, échappant à toute préoccupation d'avenir, Tagals et Tagales dansent, chantent, papotent, comme aux jours heureux, au terlintintin aigrelet de leurs instruments de bambou.

Les hommes se pressent devant les *boticas* (pharmacies), chez les pâtissiers-confiseurs où se consomment force grogs, limonades, glaces, gâteaux rances, et surtout où se tient la foire aux cancans.

La *botica* représente pour la population philippinoise le café, la brasserie, le cercle européen; quant au *boticario*, il est toujours personnage d'importance. et la pléiade de ses

(1) Sorte de chaume.

clients, clients aussi dans le sens romain du mot, ne le traite qu'avec une familiarité respectueuse.

De temps à autre une lueur falote troue l'obscurité ; c'est, dans les cheveux de quelque métisse, le globule de verre où, telle les femmes Malabares, elle emprisonne les *bichos-fuego* (bêtes de feu).

VI

Une longue avenue où, criblés de lampyres, les arbres apparaissent comme d'immenses girandoles animées, et nous stoppons devant notre case, remarquablement confortable pour une case indienne.

Nos muchachos s'agitent autour de nous, très doux, l'air distrait, sans rien faire.

Nous prenons possession de notre chambre; nous n'y serons pas seul.

Des chauves-souris, d'extraordinaires phalènes, entrent par les baies largement ouvertes.

Notre *mayordomo* vient prendre nos derniers ordres; nous surprenons son regard convergeant avec inquiétude vers le lustre; intrigué, nous interrogeons.

— C'est, Senor, nous dit-il, qu'hier nous avons eu un *tremblor bustante regular* (un tremblement de terre assez réussi), et comme il est rare qu'un premier ne soit pas suivi de *compâneros,* on est toujours tenté de surveiller le lustre qui oscille au moindre mouvement.

— Et si, en effet, il en survient quelque autre?

— Que le Senor se glisse sous son lit; c'est le plus sûr.

Il disparaît et me laisse un peu rêveur.

Cet aperçu de l'un des agréments du pays jette un certain froid sur l'enthousiasme de l'arrivée.

Devant l'un des panneaux de ma chambre, lit singulièrement inquiétant; pas l'ombre d'un matelas; ceci n'est du reste qu'un grand cadre en rotin sur lequel une fine natte et un drap représentent toute la literie; au milieu un long boudin, l'*abrasador*, qui, placé entre les jambes, facilite la circulation de l'air; les pieds de cet étrange monument posent en des bols remplis d'eau ou de miel, afin d'empêcher les invasions des fourmis rouges à la redoutable piqûre.

En dépit des lézards, moustiques, fourmis rouges et abrasadors, sous l'accablement de la fatigue nous avions dormi jusqu'à l'aube, lorsque des cris, participant du miaulement de la panthère et de la clameur exaspérée d'un chat qu'on étrangle, nous font sursauter brusquement; nous courons à la fenêtre.... En face, dans le *patio* d'une maison voisine, nous voyons — agréable réveil — un infortuné muchacho demi-nu, aplati sur le sol, pendant qu'un autre, son camarade sans doute, cingle impitoyablement ses reins d'une lanière de cuir.

Tout le corps du patient se tord, se contracte, frémit.

Très calme, très froid, le cigare aux lèvres, un Européen,
(nous cacherons sa nationalité), le maître, assiste à la
correction qu'il vient d'ordonner, comptant les coups,
éperonnant le zèle du tourmenteur. *Mas fuerte, mas fuerte,
tchongo atroz.* (Plus fort, plus fort, affreux singe.) Et le
bourreau, malgré lui, inquiet pour sa propre peau, frappe
à tour de bras. C'est révoltant !

Nous l'avons dit cependant, les Espagnols ont aboli
la loi inique qui permettait au maître de battre le serviteur,
mais tout cela demeure à l'état de théorie ; tous et toutes
aux Philippines battent, insultent l'Indien qui, soit ignorance
de ses droits, soit admiration aveugle des faits et gestes
du *Castila* (1) en dépit de sa haine sourde, s'est laissé faire
avec une passivité moutonnière jusqu'aux derniers événements si graves qui viennent de se produire.

Comment s'étonner des désespoirs, des colères, des
révoltes de ce peuple !

Le fait de brutalité auquel nous venons d'assister est,
depuis la révolte, chose tout à fait exceptionnelle, et l'Européen qui s'y est laissé aller pourrait le payer cher un
jour.

(1) Nom générique donné à l'Européen.

VII

C'est une race infiniment intéressante et sympathique celle de ces petits Tagals dont on s'occupe si peu au milieu des grands événements qui accaparent l'attention européenne.

Peuple doux, enfantin, avec les défauts même de l'enfance, menteur, paresseux, chapardeur, mais accessible, en somme, au bien et au beau moral.

On les disait lâches, ceci est du moins un reproche qu'on ne pourra plus leur adresser.

Doucement traité, l'Indien eût aimé l'Espagnol qu'il regarda longtemps comme un demi-dieu, et l'époque n'est pas loin encore où, pour l'indigène de la basse classe, tout Européen était un sujet de l'Espagne; étonnante notion inculquée par les autorités. Il est fou de plaisir, de musique, de fêtes, surtout de fêtes religieuses dont la pompe grandiose le séduit.

Son intelligence est susceptible d'un extrême développement ; et ce qui le prouve de façon victorieuse, c'est que
dans les familles riches où les fils reçoivent une éducation
très complète, des natures très élevées se révèlent.

Le Tagal rapporte au pays un développement d'idées qu'il
n'y perd plus ; la tendance à s'européaniser est frappante
chez lui comme chez le Japonais.

Mais en frôlant les peuples libres il a pris le goût de
la liberté, et dans ce milieu jeune en même temps patient
et ardent, la haine du maître a longtemps couvé pour
éclater, effrayante dans ses explosions comme les boues et
les laves de ses grands volcans.

La Tagale, compagne dévouée, aide de tout son pouvoir
au bien-être de la maison ; chez elle, le sens du commerce
est très développé, et en général la direction des affaires
lui appartient.

Ouvrière habile, elle exécute avec des doigts de fée des
broderies d'un dessin quelque peu suranné, mais d'une
richesse et d'une beauté incomparables, et dont le prix,
extrêmement élevé, pare souvent aux désastres causés par
la passion funeste de l'Indien pour les terribles jeux du
monte et du *panguingui*, passion qui dévore tout, gain,
bijoux, bestiaux, maisons, et même, dans certaines provinces du Sud, sa liberté et celle des siens.

Un côté bien touchant du caractère de l'Indien est son

amour pour les enfants des blancs, de ces maîtres trop souvent durs, hautains, impitoyables.

Chez tous les riches colons européens, chaque baby a souvent deux ou trois domestiques, hommes ou femmes, chargés du soin de sa précieuse petite personne. Il commande en tyran, tient en quelque sorte à ses genoux, du matin au soir, ses esclaves.

La douceur, les attentions de ces Tagals, toujours prêts à exécuter les mille et une volontés du jeune maître, sont attendrissantes.

La mort laisse l'Indien assez indifférent ; celle d'un enfant est une joie ; c'est un ange dans le ciel qui prie pour ceux qui souffrent ici-bas.

Parfois, cependant, la légèreté de la race va un peu loin. Un jour, une vieille femme vient nous emprunter quelques piastres pour l'enterrement de son petit-fils ; comme elle retourne chez elle, des voisins l'arrêtent, la convient à entrer dans leur case ; elle y boit, y chante, y danse et oublie petit-fils et enterrement.

Bien curieuse aussi la réponse de notre couturière qui ne cessait de chanter certain matin en tirant son aiguille.

— Comme te voilà gaie, Rosario ; qu'y a-t-il de neuf ?

— Il y a, Senor, que mon beau-frère est à l'agonie depuis hier au soir et que je chante de peur d'avoir du chagrin.

Après cela, il faut tirer l'échelle.

L'Indien est, en dépit de sa foi catholique, prodigieusement superstitieux et crédule au merveilleux.

Il croit ses grands arbres banyans habités par des
génies, et que ses terribles volcans renferment, dans leurs
entrailles fumantes, des légions d'êtres malfaisants.

Il s'arme contre eux d'amulettes fournies par des sor-
ciers.

En cas d'épidémie, on voit s'agiter, suspendus à des
cordes devant les fenêtres des cases, de petits pompons
de couleur, des coquillages, de petites poupées, tous objets
ayant pour but d'occuper les mauvais esprits à l'extérieur,
de les distraire, de les empêcher de songer à entrer dans
la maison pour y apporter des germes de maladie et de mort.

Très souvent aussi nous avons vu, au cours de nos
excursions, de larges feuilles sur lesquelles sont tracées en
croix des lettres et des signes mystérieux.

Ces feuilles, nous assure-t-on, ont la puissance d'écarter
tout fléau, et c'est encore toujours au sorcier que le Tagal
les achète.

Pas une grotte de l'archipel qui n'ait sa légende.

Dans les cavernes de Limanan, les ombres des premiers conquérants sortent à chaque nuit de Toussaint,
armés comme au temps de Philippe II et portant des
cierges.... On les a vus, on a entendu leurs hymnes
funèbres.

Des' dragons, des serpents fabuleux vivent en bonne intelligence avec ces âmes en peine.

Nous avons pénétré dans ces souterrains, la plupart anciens lieux de sépulture, renfermant une grande quantité de crânes, presque toujours à demi tombés en poussière.

VIII

Invités à une noce, nous allons passer la journée au charmant village de Paco.

Dans ce pays de chaleur écrasante, il faut être matinal, mettre à profit les heures fraîches.

A l'est, le jour se lève, la lumière douce encore envahit le paysage, baigne d'argent le fin tapis des rizières; la route, bordée de cases rustiques aux jardins débordant de palmiers, de bananiers, de cocotiers, est ravissante; au-dessus des océans de verdure, de lourds clochers pointent, dont les coqs rouillés s'immobilisent au faîte des girouettes.

Tous les bruits de l'humanité s'éveillent avec le soleil; des hommes courent sur la route à la lisière des champs, grimpent sur les toits, piquant le ciel de cerfs-volants gigantesques. Devant une *hacienda*, des Indiens font avec une véritable tendresse la toilette de leurs *carabaos* (1).

Ce carabao sobre, vaillant, le Tagal l'emploie à tous ses travaux; c'est lui qui fait ses charrois, laboure ses

(1) Buffle.

Arrière port de Manille, square et monument de Majellan.

champs, remplace souvent le cheval dans ses voyages, et qui seul peut servir à la culture du riz opérée dans soixante centimètres de vase.

Cette colossale bête, qui passe certainement une bonne moitié de sa vie plongée dans l'eau jusqu'aux naseaux, est extraordinairement délicate; elle en remontrerait à une petite maîtresse; un rien, un refroidissement léger et voilà un rhume, une fluxion de poitrine, l'animal est *influenzé*, car on connaît le mot aux Philippines...

Il est défendu de tuer ces intéressants serviteurs pour la boucherie, et ordonné sous peine d'amende de faire constater sa mort, en raison du recensement qui se fait tous les ans.

Ce buffle, d'humeur assez ombrageuse, obéit plus volontiers aux enfants qu'aux hommes, ressemblant en cela à l'éléphant des Indes. A l'état sauvage, il est redoutable, et la chasse en est des plus dangereuses; il fait tous les ans une véritable hécatombe d'Indiens.

Au bord du chemin charmant que nous suivons, des villageois pilent le riz d'après un mode opératoire qui n'a pas dû changer depuis l'âge d'or.

Et partout des fleurs s'ouvrent, énormes, pareilles à des insectes géants; partout des bestioles s'agitent pareilles à d'invraisemblables fleurs. Des scarabées au corselet d'émeraude volent lourdement; des oiseaux-mouches, gros

comme une fleur de jasmin, passent, zébrant l'air d'un
éclat de pierreries.

Nous suivons une avenue riante, spacieuse. De partout
la foule afflue se rendant à la ville ; les hommes, un peu
lents, le coq de combat sur le bras, s'arrêtant par groupes,
causant *galieras* (1) et champions ; les femmes, sérieuses,
alertes, allant d'un pas vif, élastique, très gracieuses,
portant leurs charges sur leur tête dans de grands paniers
d'osier très légers.

Non loin des portes de la Ciudad, nous trouvons le
cimetière.

Ce champ de mort, tel un havre de paix blotti sous les
grandes verdures, est une surprise pour l'Européen de
passage.

A l'extérieur, rien de funèbre : une grande porte ouvragée
donnant sur une place en hémicycle, puis un grand mur
blanc entourant la nécropole.

Nous entrons et notre étonnement augmente ; nuls
emblèmes funéraires, point d'os en croix supportant un
crâne, pas même les trois larmes traditionnelles creusées
dans la pierre comme si la pierre seule était capable de
pleurer longtemps.

Il semble qu'ici l'indifférence de l'Indien devant la mort
se soit communiquée à l'Européen.

(1) Combats de coq.

Il n'y a là qu'un jardin frais et bien entretenu. Ce lieu de l'éternel repos est une véritable ruche de la mort ; en effet, devant nous, un immense mur circulaire percé d'alvéoles, de niches où se placent les cercueils ; à l'ouverture une plaque, une inscription ; nous en lisons quelques-unes, sinistres !... Quinze ans, dix-sept ans ! Ce sont des tombes d'Européens victimes des fièvres intermittentes, de la dysenterie, de l'incurable anémie ; sur la plaque un nom, un âge, à peine un *Requiescat*... c'est tout.

On n'enterre pas à Manille, on enmure.

Les rares oiseaux chanteurs du pays semblent s'être donné rendez-vous dans la funèbre enceinte, et sans trêve ni repos y chantent pour les trépassés . . . .

. . . .

Prodigieux ces Indiens ; en voici qui sèment le riz en musique ; tout un orchestre, ophicléide, guitare, violons, flûtes de bambou. Mesure à trois temps... trois mouvements, c'est fait. On nous affirme que la chose n'est pas rare.

Sur les portes, des vieux, installés avec des soins affectueux, boivent l'air frais du matin. Le Tagal professe pour la vieillesse un respect profond ; il recueille avec tendresse ses parents vieillis, sans ressources. Dans toutes les familles le plus jeune obéit à l'aîné.

Lorsqu'un vieillard malade, infirme n'a plus ni enfants

ni parents, il se présente tout simplement dans la première case venue, sûr d'y être reçu comme un membre de la famille. Ceci n'est-il point admirable ? . . . . . .

. . . .

Au bord d'un *estero* (1), des lavandières regardent passer notre voiture, toujours amusées de voir le Castila. A Luçon, les hommes sont, plus peut-être encore que les femmes, blanchisseurs et repasseurs, et le temps n'est pas loin où tout le repassage consistait à promener à plat sur le linge, sans se soucier autrement des plis ou ornements, une casserole de fer remplie de charbon : le résultat était indescriptible.

Nous arrivons, et l'on nous accueille avec cet empressement, cette grâce aisée que le plus humble Indien met à faire les honneurs de sa case. Aux Philippines, en province du moins, le voyageur, l'explorateur, le simple flâneur, l'étranger peut entrer partout, s'asseoir à la table de famille, assister aux bals, réunions, cérémonies intimes, sans y avoir été convié ; sa présence est une fête. Il n'en est plus ainsi à Manille, où riches familles indiennes et métisses, fatiguées des hauteurs et du sans-gêne des maîtres, ne reçoivent plus l'Européen que sur invitation particulière.

(1) Ruisseau.

Cette maison où nous descendons appartient à des cultivateurs aisés ; elle est fort grande et la plus belle du pays, édifiée en bambou, comme toutes les cases d'Indiens, le toit énorme recouvert de *nipa* (1). Là — hôtes singuliers — gîtent assez souvent d'inoffensives mais énormes couleuvres, et se promène le *chacon*, lézard mesurant parfois de la tête à la queue 70 ou 80 centimètres, lequel doit son nom au cri horripilant qu'il pousse pendant la nuit à intervalles réguliers : « tcha-con, tcha-con. »

Le plancher de ces maisons, formé d'un treillis à jour, laisse passer tous les détritus, dont un porc — sauf respect — toujours aux aguets fait consciencieusement son profit.... Nous glissons sur certains détails qu'une plume honnête se refuse à préciser.

Dans ces cases très propres, l'Indien mangeant assis par terre, couchant tout simplement sur les lattes qui forment le sol, les meubles sont inconnus ; quelques *tampipis* (2) seulement, quelques nattes, quelques hamacs, et toujours, sur l'un des panneaux les images, du *Nino sancto* (du saint Enfant) et de la *Virgen Purissima*, devant lesquels brille nuit et jour une tremblante lueur.

En somme, ces maisons sont organisées avec une entente très pratique des besoins du pays ; l'élévation des pilotis

(1) Palmier.
(2) Panier d'écorce de bambou.

les mettent à l'abri de toute humidité, et l'élasticité de leur construction les fait résister aux plus violents *terremotos* (1).

Restent les incendies ; ceci est infiniment plus grave, disons plus, sans remède. Quand une case de nipa s'enflamme, tout est dit, tout secours impossible en raison de la rapidité avec laquelle le feu se transmet. En quelques minutes, le village flambe de la première maison à la dernière ; mais, s'il a pu emporter son coq et ses bijoux, l'Indien se console vite ; c'est un sage qui ne donne jamais beaucoup de regrets aux calamités que l'avenir peut réparer.

(1) Tremblement de terre.

IX

Pendant que nous glissons sur le Pasig, une jeune métisse, préposée aux rafraîchissements, nous raconte, à propos de divers phénomènes célestes et de la formation des
volcans, une bien jolie légende.

« Un jour, comme le Soleil, nouveau créé, se levait
rayonnant dans l'immensité bleue, les merveilles de la
création l'éblouirent ; or, comme il musait dans l'azur,
curieux de toutes choses, un astre féminin, un peu pâlot,
mais tout à fait joli et d'une charmante mélancolie, lui
apparut ; c'était la Lune.

» Pas un instant l'astre-roi ne douta que la radieuse
apparition n'eût été tirée du néant à son intention particulière, avec mission de combler son existence de toutes
sortes de félicités ; s'il ne se jeta pas à ses genoux — et
pour cause, — il lui déclara tout aussitôt qu'en dépit des
feux émanant de sa ronde personne, tout lui deviendrait

ombre et désolation si elle ne daignait l'accepter pour époux.

» Éblouie (il y avait de quoi) et flattée, la jeune Lune accepta avec transport la glorieuse alliance et durant huit jours, au sein des profondeurs célestes, se célébra la plus magnifique des fêtes qui oncques se fût vue dans tout l'univers.

» Les Zéphirs à la voix jeunette chantèrent de façon exquise l'hymne nuptial des Lunes; des Soleils plus humbles se chargèrent de fournir illuminations et feux d'artifice, et la Terre, la Terre elle-même, voulant participer à ces incomparables réjouissances, envoya, par les casso- lettes de ses fleurs, ses plus merveilleux parfums.

» Des ruisseaux d'ambroisie et de lait, coulant en inta- rissables flots, formèrent cette grande voie lactée qui depuis teinte le ciel de sa vaporeuse blancheur.

» Tout d'abord les nouveaux mariés ne vécurent que des jours de paix et de bonheur, et si douce était l'épou- sée que son seigneur et maître ne la nomma plus que sa chère *Lune de miel*.

» Comme dans les contes de fées, l'heureux couple eut beaucoup d'enfants, les scintillantes étoiles; trop même, hélas ! car l'heureux père finit par s'aviser que les cieux se peuplaient un peu bien vite et plus que de raison. Ceci devenait grave, il fallait aviser au plus tôt. Lors donc, vou-

lant réfléchir tout à l'aise, il s'embruma de brouillards
légers ; le résultat de sa rêverie fut néfaste ; de plus en
plus préoccupé, il manda près de lui sa compagne et lui fit
part de ses réflexions :

» — Ne vous paraît-il pas, ma mie, que notre famille
croît et se multiplie de façon inquiétante, remplissant
l'espace d'un tel fourmillement que bientôt il n'en restera
rien pour nous-mêmes ; de plus, et ceci est une question
humanitaire grosse d'importance, il est évident que les
pauvres humains ne pourront subsister longtemps dans la
dévorante chaleur que nous et notre innombrable des-
cendance répandons sur eux.

» Je serais désolé de causer le moindre mal aux humbles
bipèdes qui grouillent au-dessous de nous comme une
gigantesque fourmilière.

» Leur accueil de chaque matin, les adorations surtout
que me rendent avec tant d'enthousiasme les habitants de
mes deux pays de prédilection, l'Inde et la Perse, me
touchent profondément.

» On a ses petites habitudes auxquelles on tient, et l'hom-
mage d'un encens quotidien est de celles dont on se sèvre
difficilement que l'on soit homme ou soleil.

» Je ne saurais répondre par de l'ingratitude à de si
honnêtes gens.

» Dites, ma chère, que pensez-vous de ces choses.

» — Majesté, répondit la Lune comme devait le faire plus tard un gendarme devenu célèbre, Majesté, vous avez raison.

» — Madame, cette réponse pleine de sagesse vous honore ; mais enfin elle ne nous donne pas de conseil sur ce que nous devons faire pour parer au danger.

» Et comme elle demeurait muette, il reprit :

» — Ne cherchez pas ; voilà qu'il me vient une idée, une idée merveilleuse de derrière mes rayons.... Ces chers petits nous embarrassent, le fait est établi, eh bien, faisons-leur un sort....

» — Un sort ?

» — En les mangeant.... Cela arrangera tout le monde.

» A dire vrai, sous le fallacieux prétexte que nous sommes des corps célestes, nous nous privons d'une quantité de choses que j'ai tout lieu de supposer excellentes ; ces pygmées qui se démènent là-bas, toujours pressés, ahuris, prennent cependant le temps de déjeuner, dîner et même de souper, et semblent s'en trouver on ne peut mieux. Imitons-les ; offrons-nous un bon cuisinier qui nous confectionnera des *azados*, *guisados* et *tortillas* (1) d'étoiles.

(1) *Azados*, rôtis. — *Guisados*, ragoûts. — *Tortillas*, petites omelettes sèches.

» La malheureuse frémit. Comment c'était là le monstre abominable auquel, si imprudemment et pour la suite des siècles, elle avait uni sa destinée ! Un instant elle songea à la révolte ; mais faible, désarmée, que pouvait-elle contre son potentat de mari ? Au moindre signe il l'eût grillée vive en compagnie de ses bien-aimés rejetons. Elle répondit donc, faisant la chatte mite :

» — Sublime Majesté, gloire de l'univers, toute perfection émane de vous. Je m'incline devant votre impeccable volonté, et puisqu'il vous convient ainsi, nous servirons de tombeau à nos enfants trop encombrants.

» Elle dit ; mais ne pouvant retenir plus longtemps ses larmes, la pauvrette se détourna pour les dérober au barbare, et leur flot pressé tomba sur la terre, où les herbes et les fleurs les recueillirent ; ce fut la première rosée.

» Durant ce temps, le père dénaturé, ravi de son succès, s'échauffait tant à force de rire, que de ses rayons projetés jusqu'aux entrailles de la terre surgirent les volcans.

» Le grand *Apo* (1) naquit le plus formidable et le premier, et demeura le lieu sacré, le sanctuaire de ce dieu

(1) Volcan de l'île de Mindanao dont l'ascension réputée impossible fut faite avec succès par le docteur Montano, notre compatriote, en octobre 1880. 3.337 mètres d'altitude.

redoutable *Mandaragan,* qui ne cesse de lancer vers le ciel, en tourbillons noirs, son haleine empestée.

» Il va sans dire que la tendre Phébé n'eut rien de plus pressé que de cacher de son mieux sa palpitante nichée, ne lui permettant de prendre la clé des champs sidéraux qu'aux heures où le soleil faisait sa promenade coutumière de l'autre côté du ciel.

» Mais il arriva certain soir que l'astre-roi, inopinément apparu, pensa éclater de rage à la vue de ses rejetons frémissant de vie, clignant de toutes leurs paupières d'or.

» Que lui avait donc fait manger sa sournoise moitié ? Comment ! on avait osé se moquer du Soleil, de l'astre-dieu !... Cela dépassait tout ce que l'imagination peut rêver.

» Son ire monta, terrifiante, et il s'élança, décidé à ne faire qu'une bouchée de ces galopins et de leur mère.

» Fous de terreur, femme et enfants trouvèrent des forces inattendues et détalèrent si bellement qu'ils réussirent à le distancer de façon rassurante.

» Depuis, siècles sur siècles ont passé, et l'éternel pour-chas continue. Parfois le terrible époux semble prêt à atteindre les fuyards, de là les éclipses ; mais, fine et délurée, la Lune se dérobe, et les étoilettes jolies ne s'aventurent à courir pays que lorsque, protectrice et mater-nelle, la Nuit, accourant sous ses voiles sombres, oblige le tyran à aller faire son métier ailleurs. »

C'est ainsi, du moins, que ces bons petits Tagals expliquent les choses.

La trouvaille est bien quelque peu en désaccord avec les lois de la science moderne, mais du moins ne manque-t-elle ni d'invention ni de grâce.

X

Le mariage chez les Tagals présente des particularités assez curieuses.

Dès qu'un jeune homme *pollo* (petit coq) a fixé son choix sur une *daraga*, (jeune fille à marier), il la fait demander par ses parents au père et à la mère, auxquels on offre une piastre. Celle-ci acceptée, le prétendant est admis; la nuit se passe alors en festins, en réjouissances de toutes sortes. Dès le lendemain, le fiancé entre chez ses futurs beaux-parents comme fils et serviteur; ce service dure parfois jusqu'à trois ans; au moindre reproche encouru, notre nouveau Jacob peut être renvoyé.

Il y a là une source d'incroyables abus : tel père de famille prolonge indéfiniment cet état de servitude auquel il trouve son profit; tel autre chasse sans pitié le pauvre hère qui l'a servi longtemps, consciencieusement, pour recommencer un nouveau bail avec un autre prétendant.

Quand, au contraire, tout va au mieux dans le meilleur des mondes tagals possibles, grandissime fête chez la *novia ;* deux camps se forment où, sous figure allégorique, dans une forme poétique et curieuse, les intérêts des conjoints sont défendus.... On s'entend vite, l'Indienne n'apportant jamais de dot, mais seulement son cœur et sa main. Main quelque peu singulière, fine, maigriote, dont la paume montre une teinte rosée inquiétante.... Ce rose sous ce brun? L'on a vu cela quelque part.... L'on

Blanchisseurs et blanchisseuses Tagals.

cherche.... C'est un rappel des menottes agiles de ces *tchongos* (1) qui, très malins, affirment les Indiens, ne parlent pas, dans l'unique but de se soustraire aux corvées, d'échapper au service militaire.

Huit jours après ce palabre de famille, la cérémonie du mariage est célébrée à l'église, comme chez nous.

(1) Singes.

6

Cet usage curieux de la servitude qui précède l'union tagale dut être apporté aux Philippines par les Malais mahométans chez lesquels on retrouve quelques-unes des habitudes des anciens patriarches.

Mariages et baptêmes ont lieu généralement le Dimanche ; on donne aux enfants le nom du saint dont c'est la fête en le masculinisant selon la circonstance ; aussi trouve-t-on des hommes qui répondent aux noms pittoresques de *Roso, Mathildo, Suzanno,* etc., etc., et des femmes qui s'appellent non moins pittoresquement *Pancrasa, Mathiasa, Polycarpa,* etc., etc.

Pour l'une et l'autre cérémonie, on va, fanfare en tête, chercher de porte en porte les invités que l'on ramène à la maison de l'hôte, maison magnifiquement décorée de choses infiniment utiles et agréables ; sur toute la façade, autour des fenêtres, « ce ne sont que festons, ce ne sont qu'astragales » ; dans le repoussoir des guirlandes de verdure éclatent les teintes d'or bruni des poulets rôtis, l'acajou luisant des jambons piqués de fleurs et d'étoiles de clinquant, le papier d'argent des saucissons d'Europe.

Tous les amis enfin réunis, la jeune fiancée est conduite à l'église, où la cérémonie se passe absolument comme chez nous.

Durant toute la journée et toute la nuit, parfois même

pendant plusieurs jours, ces frêles et mignons Tagals
boivent, mangent, dansent, inlassables, au crissement
éperdu des instruments de bambou, au ronronnement
sourd de la *viguela* et du *bandolon,* instruments bizarres
à douze et trente cordes.

La passion de la musique atteint, chez le Tagal, les
limites de l'impossible ; passion malheureuse s'il en fut,
car les pauvres diables glapissent d'une voix de tête surai-
guë qui lime les nerfs ; avec cela une recherche de l'effet
sentimental absolument bouffonne.

Tout Indien appartient au moins à une société orphéonique quelconque ; leur mémoire est prodigieuse, ils
apprennent et retiennent les airs avec une incroyable faci-
lité ; les rues de Manille sont, tous les soirs, sillonnées de
bandes de musiciens qui jouent le plus souvent, comme la
musique militaire, nos airs d'opérette, et, plus c'est faux,
meilleur cela est, pendant ce temps, le gamin vendeur de
glaces s'égosille avec son sempiternel *sorbète limon* (1).

Il y a quelque trente ans, des fortunes colossales se sont
édifiées à Manille par la vente des instruments de musique.

Tout le village est en fête, une procession doit sortir,
parcourir les rues ; de petits hangars abritant des pâtisse-

(1) Sorbets au citron.

ries, des étalages de bibelots étranges ont été dressés sur la place, et ce sont là des stations longuettes, où les dents éblouissantes mordent avec entrain dans les plus surprenants gâteaux rances et poisseux qui se puissent voir ; il s'y fait aussi une prodigieuse consommation de *potos*, sorte de colle de riz teintée de toutes les nuances de l'arc-en-ciel, dont les naturels sont si friands. On vous en offre de verts, de bruns, une certaine variété porte même le nom de *Poto cochino*, appellation quelque peu réaliste que nous nous dispenserons de traduire.

Des femmes, luisantes de sueur, accroupies sur des nattes, vendent les régimes de bananes, les mangoustans exquis.

Une chose hideuse! de distance en distance sur le sol, de larges taches sanguinolentes... c'est le crachement du *buyo* (composé de chaux, de noix d'arek et de feuilles de bétel) que les Tagals, hommes et femmes, mâchent avec frénésie.

Jamais, pour parer à une souillure de ses vêtements, Indienne ni métisse ne relève la traîne de sa robe ; cela manquerait d'élégance, compromettrait la grâce de la démarche.

Là, comme partout, actifs, industrieux, cachant, sous la froideur du masque, l'éternelle gouaillerie de la race, des fils du Céleste-Empire vendent de tout et de mille autres choses encore, selon l'expression pittoresque de Fontanarose.

Le barbier *Chino*, comme disent les Tagals, est un véritable artiste, soit qu'il s'installe en plein air, soit qu'il opère dans sa boutique, sur la tête de ses pareils ou des Indiens, le plus horrifique des nettoyages. Ce personnage génial trouve le moyen de raser les joues les plus glabres, et l'Indien croit que c'est arrivé, il paye, volé, moqué et content.

Là ne se borne pas le talent de *El Chino*, il est le nettoyeur par excellence ; yeux, oreilles, nez, tout y passe, les petits bâtons vont et viennent, rentrent et sortent avec une rapidité de mouvements vertigineuse.... En livrant des organes aussi délicats à ces étonnants praticiens, le Tagal montre un véritable courage.

De jeunes *pollos* frais remis à neuf se pavanent, rient, chantent avec les *daragas* (1), dans la suprême joie du farniente.... Quelques pesetas sonnent dans la poche de ces Messieurs, ils prolongeront longtemps la fête, ne retourneront au travail qu'à la disparition du dernier cuarto.... Et il en est ainsi pour l'Indien pendant les trois quarts de l'année, et c'est le Chinois qui peine horriblement, mais s'enrichit.

Justement, autour de la place, un Céleste va, l'air altier,

(1) Jeune fille.

la tête haute, personnage de marque évidemmént, dont la queue *authentique*, sans l'adjutorium ordinaire des cordons de soie, traine de vingt-cinq centimètres sur le sol ; encore que cet homme soit petit, c'est déjà joli. Inutile d'essayer de la séduction des piastres pour obtenir d'un aussi majestueux senor un léger échantillon de cette richesse capillaire ; John Chinaman, peu touché du zèle que nous sommes prêts à déployer pour enrichir nos musées ethnographiques, se refuserait certainement à céder la moindre parcelle de cet incomparable appendice.

Nous sommes plus heureux, non sans difficulté, avec une jeune Indienne en train de sécher au soleil son opulente chevelure. Après mille supplications, — la femme tagale se figure que ces mèches, assez souvent sollicitées par les voyageurs, servent à des incantations démoniaques, — nous obtenons une tresse mince, toute mince, mais dont la longueur fantastique mesure 1ᵐ70.

XI

La place si vivante naguère se fait morne ; voici l'heure où tout, dans la nature tropicale, semble s'endormir.

A tous les coins du *zaguan* (1), du *pàtio*, sur les terrasses, *muchachos* et *muchachas* (2) déroulent leur *pétaté* (3), s'endorment, le visage et les mains abrités des moustiques par une étoffe légère ; décidément ces moustiques dévorants, insatiables, sont la calamité des calamités aux Philippines.

Vers quatre heures, alors que la rage du soleil commence à s'apaiser, nous nous rendons chez M. le Gobernadorcillo, qui nous offre le très curieux spectacle d'une smalah de négritos aborigènes auxquels nous trouvons une certaine ressemblance avec les petits nègres africains. Cette race craintive et douce, réfugiée depuis des siècles dans les montagnes de l'intérieur, ne vit que du produit de sa chasse.

Ceux-ci n'ont été amenés que très difficilement à Paco.

(1) Vestibule donnant sur la rue.
(2) Domestiques.
(3) Nattes.

Dès demain ils se rendront à Manille, chez les Dominicains, pour y recevoir le baptême, après avoir toutefois
procédé à un changement de toilette qui s'impose. Pour le
moment, leur costume est des plus sommaires, un pré-
caire langouti constituant toute leur garde-robe.

Cependant ne soyons pas ingrats, reconnaissons que
le chef a fait, à notre intention, des frais de toilette, et c'est
inénarrable !... A cru, sur sa peau suiffeuse, un frac triom-
phal, un frac, un vrai frac européen dont les ailes battent
piteusement les chairs. La tête laineuse se couronne glo-
rieusement d'un chapeau haute forme que de temps en
temps notre homme retire pour le brosser soigneusement...
à rebrousse poil ; il faut que ce poil se relève, il y tient, ce
brave sauvage.... Où l'inaliénable vanité humaine va-t-elle
se nicher ! Des jarretières de poil de sanglier ornées de
perles et de coquillages complètent la splendeur de cet
accoutrement.

Les membres sont grêles ; le ventre proéminent, bombé,
semble se révolter sous la coupure brusque de l'habit ; la
face est simiesque.

Les vieilles femmes nous paraissent encore plus phéno-
ménales de laideur ; un petit jupon de quarante centimètres
remplace le langouti, le buste est d'une maigreur pénible,
les cheveux de laine sont ramenés sur le front en broussaille inculte.

Ces pauvres diables, mis en très vive gaieté par une abondante distribution de vin de Champagne, de colliers de verre et surtout d'assiettes, — la possession de cet ustensile est leur plus vive ambition, — consentent à exécuter leur danse nationale, sorte de pyrrhique qu'anime le brandissement belliqueux des arcs et des flèches, le roulement des tambourins et la sauvagerie d'un chant où deux ou trois notes uniques se répètent à l'infini en un mode suraigu.

Ces petits négritos si disgraciés par la nature et dont un peu de champagne tourne si facilement les têtes crépues, possèdent à un degré élevé le sentiment et l'amour de la liberté ; ils préfèrent la mort à un esclavage avilissant, qu'eux-mêmes, très différents en cela de certaines tribus de l'archipel, n'imposent jamais.

Il y a là un jeune ménage dont l'union doit être célébrée à nouveau à Manille, selon le rite catholique, et l'on me raconte, à ce propos, comment se pratique chez eux la cérémonie du mariage.

Cela est charmant, d'une réelle poésie.

Le fiancé, aide la jeune fille à monter sur un arbre flexible, après quoi il grimpe lui-même sur un autre arbrisseau aussi proche que possible. La famille, les amis entourent le couple ; le patriarche, c'est-à-dire le plus vieux de la tribu, avance solennellement et, saisissant dans ses bras, non sans peine parfois, les troncs souples, rapproche les branches en les balançant, jusqu'à ce que les visages des futurs époux se rencontrent... et le mariage est conclu à la mode sauvage.

Nos négritos, qui nous semblent fort reconnaissants et surtout fort émus, ne voudraient plus nous quitter ; on réussit enfin à les faire monter sur le toit de la maison, où ils seront aux premières loges pour assister à la procession.

Des étoffes chinoises, des nattes sont tendues au-dessus de la rue, flottant à tous les balcons, où courent des guirlandes de fleurs ; des pétales de jasmin, de *sampaguita*, — une fleur au parfum rare, dont les femmes se font des colliers, — jonchent le sol.

La procession sort accompagnée de deux musiques, une en tête, une en queue, jouant des airs différents, assez mal choisis du reste pour la circonstance et souvent vieillots. Nous entendons à la fois l'ariette de Clairette de *Madame Angot* et le chant merveilleux *O mon cygne!*

Le clergé du village et des villages prochains marche en tête, puis viennent les différents personnages vénérés des fidèles, saints et saintes, représentés par des Indiens affublés de fausses barbes et de perruques ; quelques-uns ploient sous le faix d'animaux fabuleux, de serpents, de monstres griffus, aussi tortueux et vilains que notre méridionale tarasque. Nous questionnons, mais nul ne peut nous donner la raison de ces exhibitions singulières.

Même dans les plus humbles villages, les statues de Notre-Seigneur et de la *Virgen santisima* sont revêtues d'habits et d'ornements d'une richesse qui n'est surpassée que par leur mauvais goût. Ce mélange de clinquant, de velours, de satin, drapés, pomponnés autour de corps de mannequins et de poupées grossièrement enluminées, atteint au grotesque.

Et sous les arcs de triomphe faits de palmiers, de bananiers, de talisays l'immense théorie chatoyante, ondule, va, vient, revient à l'infini pour le plus grand réjouissement des fidèles.

Devant nous, au passage de l'*Ecce Homo*, des femmes s'agenouillent, quelques-unes pleurent.

Les autorités indigènes ferment la marche, le frac par-dessus la chemise flottante, parfois une légère badine à la main gauche, pendant que la droite maintient un cierge énorme.

Il y a vingt ans à peine, dans tout l'archipel, à l'heure où s'épandaient dans l'air les volées sonores de l'*Angelus*, tout mouvement s'arrêtait comme par magie, la ville entière récitait la *Salutation angélique*. Aujourd'hui encore, nulle voiture, fût-ce celle du gouverneur général, vice-roi des Indes espagnoles, ne peut circuler dans les rues de la cité durant les trois derniers jours de la semaine sainte; il n'est fait d'exception, et dans des cas très rares, pressants et dûment constatés, que pour la voiture du médecin ou celle du prêtre portant aux malades les derniers sacrements.

La religion catholique est religion d'État aux Philippines comme en Espagne, et toutes les prescriptions du culte extérieur sont observées à ce point que les Anglais protestants qui décèdent à Manille ne peuvent être enterrés ou emmurés dans l'enclos bénit par les prêtres catholiques. Il y aurait là l'équivalent d'une souillure, et les colonies anglaises et allemandes ont leur cimetière à elles.

. . . .

La pourpre du ciel pâlit; l'horizon se colore d'un vert de jade, les étoiles naissent et partout, dans ce village heureux, les maisons s'illuminent, ouvrent grandement aux hôtes d'un soir, leurs portes hospitalières. Des notes de guitare s'envolent, des flûtes de bambou gémissent, des castagnettes claquent, un piano même fait sa partie.

La fête bat son plein autour des tables chargées de victuailles, de lumières, de fleurs, vrai festin du pays de Cocagne, aux étonnantes exhibitions culinaires qui dure une grande partie de la nuit. Dans la salle de bal on étouffe, les visages rayonnent, les yeux étincellent de plaisir.

Autrefois, tant à Manille que dans les grandes villes de province, pas de jour où l'on ne comptât quelques bals, quelques concerts, quelque fête religieuse ou populaires. Aujourd'hui!... Pauvre petits Tagals, métis, fils du pays, êtres de douceur, de patience, que fera de vous la convoitise des civilisés?... L'Espagnol opprime. Bien autrement terrible, l'Américain fait disparaître les races, les détruit.

XII

Nous traversons le pont d'Espagne. La Ciudad où nous appelle aujourd'hui un devoir pénible est mortellement triste, très peu de circulation dans les rues, peu de boutiques, pas de bruit.

Sous les portes qui y donnent accès, de beaux soldats espagnols jouent devant les corps de garde.

Les grandes artères exceptées, l'herbe pousse dans les rues tirées au cordeau, monotonement pareilles, la plupart des maisons où le plâtre s'effrite en larges écailles sont sales, de lourds panneaux garnis de petits carreaux de nacre commune, grisâtre, enclosent le premier étage : le soir venu ces panneaux glissent sur des rainures, se massent aux angles, livrant la maison tout entière à la brise.

En raison de la fréquence des tremblements de terre les vitres sont un luxe peu répandu.

Depuis le mois de janvier 1895, on a remplacé l'éclairage au pétrole, seul usité jusqu'alors dans les rues, par la lumière électrique. C'est une compagnie japonaise qui en a obtenu la concession. L'huile de coco continue néanmoins à donner sa lueur obscure dans les cases indiennes et à empester leurs alentours.

Les monuments lourds et laids ont parfois conservé quelque chose de la grandeur des constructions du temps de Philippe II. Fait bizarre, cette cité démolie vingt fois par les tremblements de terre semble immuable, toujours rebâtie dans ses lignes premières, l'on dirait que les matériaux employés sont les mêmes qu'il y a trois siècles. Les églises quelconques montrent, à l'intérieur, une richesse prodigieuse ; dans le village de Paco, où naguère nous assistions à une noce, le maître-autel est en argent massif ; sous la tablette un christ sanglant est couché : la tête creusée, ravagée, à la manière espagnole, repose sur un coussin de velours cramoisi dont les ornements en or pur sont constellés de diamants.

La nouvelle église des Jésuites se couvre du haut en bas, plafond et murs, de sculptures sur bois d'un très beau travail artistique, les madriers employés sont d'essences précieuses, presque tous en bois de fer.

A chaque instant dans cette vieille ciudad le regard se pose sur des ruines ; pauvre ville d'un autre âge, muette, navrée, qui semble pleurer ses antiques splendeurs.

Il s'est passé ici d'horribles, de lamentables choses.

Ainsi que nous l'avons dit plus haut, l'Espagne, grâce à son système déplorable de colonisation a fini par s'aliéner — et il est à craindre que ce soit pour jamais peut-être — sa belle conquête.

Aux Philippines comme à Cuba de tristes personnages, maîtres à poigne, terrorisèrent trop longtemps l'Indien.

La justice n'était plus qu'un vain mot, la prévarication, l'exaction, les vexations de toutes sortes ayant pris des proportions invraisemblables, la race patiente des vaincus se leva.

Déjà, à diverses reprises, le sang avait coulé ; à ces révoltes promptement réprimées des années de paix succédèrent.

Toujours, cependant, le levain fermentait, le feu couvait sous la cendre ; lors des difficultés survenues entre l'Espagne et l'Allemagne, il fallut mettre Manille en état de résister ; hâtivement l'on employa les soldats indiens à des travaux de fortifications, on leur apprit l'exercice du canon ; ce fut une école de guerre, le grand mouvement d'insurrection commença.

On dut sévir ; on le fit trop violemment peut-être.

Pour quelques actes d'insubordination qui n'eurent pas alors de sérieuses proportions, la répression se fit terrible. Sous les plus futiles prétextes, les biens dès longtemps convoités des grandes familles métisses ou indiennes furent

confisqués, leurs chefs relégués aux Carolines ou aux
Mariannes, quelques-uns payèrent de leur vie d'infâmes
délations dont la preuve ne fut jamais faite.

Le mal s'aggrava ; le grand mouvement insurrectionnel
de 1896 commença, et rien désormais ne put l'arrêter.

C'est à la mère de l'une des malheureuses victimes de

Une noce de village à Paco.

la révolution, à la veuve d'un homme de bien, connu, aimé,
apprécié en Europe, que nous apportons aujourd'hui l'expression de notre douloureuse sympathie.

La mère, raide dans son fauteuil, le visage usé par le
temps comme à menus coups de lime, nous parle à peine,
le regard perdu dans quelque vision d'épouvante.

La veuve, une femme aux yeux agrandis de cernures

7

profondes, nous raconte le drame ; cela est horrible ! les orphelins écoutent :

« Cette famille de R..., qui tenait le premier rang parmi l'aristocratie métisse, excitait depuis longtemps les plus basses convoitises, le *Delenda Carthago* fut prononcé.

Don Francisco R..., doux, intelligent, être d'humanité et de dévouement, adoré des Indiens, des Tagals, reçu à titre d'ami — exception bien rare — dans les maisons les plus fermées de la colonie européenne, fut arrêté sur les soi-disant révélations de complices... imaginaires.

En le frappant, on frappait la race tout entière ; on le sentit perdu.

Il fut condamné.

Sur cette mort, combien d'odieux mensonges ont été écrits ! mais questionnez le premier passant dans les rues de Manille, et il vous dira : « Celui-là était un innocent et un juste. »

La mère, la femme, à demi folles, pensèrent à une autre femme, à une autre mère, la reine.

Le jour sinistre était proche, on ne lanternait pas en ces occurrences ; elles demandèrent l'autorisation d'envoyer une dépêche à la Régente, l'obtinrent à force de sollicitations, mais sous la condition expresse qu'une caution considérable serait déposée pour répondre du prisonnier.

Les heures passèrent pleines d'angoisses.

Est-il rien de comparable à la souffrance de cette mère, de ces enfants?

La ville, dans une fièvre d'attente, ne respirait plus.

Rien ne vint. . . . .

. . . .

. . . .

Don Francisco de R... fut fusillé le 10 février 1897.

De ses lèvres que le froid de la mort allait sceller, un dernier cri jaillit pénétrant au cœur même de la foule :

— Je meurs innocent!

En écrivant ces lignes, nous avons sous les yeux l'image endeuillée, le souvenir mortuaire envoyé par la famille. Sous une croix cerclée de la couronne d'épines, on lit ces mots :

« *Adios Maria mia, adios madre y hijos queridos, hoy à las nuevas me fusillan! soy innocente!* »

« Adieu Marie mienne, adieu mère et mes enfants chéris, aujourd'hui à neuf heures l'on me fusille! Je suis innocent! »

Au-dessous cette mention : « Écrit de la main du martyr, sur son livre de messe *après sa communion.* » . . .

. . . .

Mais la dépêche? nous dira-t-on.

Mais la caution?

La dépêche ne fut point envoyée!

La caution ne fut point rendue!...

Des mois ayant passé, la reine Christine eut connaissance de ce télégramme qui jamais ne lui parvint....

On dit qu'amèrement, noble et sainte femme trompée,
elle pleura.

Faut-il accuser l'Espagne ? Ce serait injuste, elle ne sut
rien ; il n'y eut là de coupable que deux ou trois misé-
rables, honte de ce peuple de braves qui les désavoue.

XIII

Les jours, heureusement, se suivent et ne se ressemblent pas.

Aujourd'hui, embarquement en compagnie d'une bande
joyeuse de la colonie étrangère pour *Mariquina,* but d'ex-
cursion très en faveur à Manille ; et très vite notre chaloupe
à vapeur, gaiement pavoisée, un peu trop fleurie, grâce à
l'excès de zèle de nos *muchachos,* file sur le Pasig. Entre
deux murailles de verdures géantes, comme taillées à pic,
les eaux du grand fleuve bruissent, vaseuses, remuées de
limon à la suite d'un orage ; au fil du courant de longues
tiges se courbent, agitant de monstrueuses feuilles étalées.

Des buffles s'enfoncent dans les hautes herbes humides,
des bestioles pullulent, c'est partout un mouvement de vie
prodigieux.

De distance en distance, des *Pateros,* cases fleuries où se
pratique l'élevage des canards ; où, se transformant en
couveuse artificielle, sous l'étouffement des couvertures,

l'Indien, durant la nuit et aux jours sans soleil, couve une incroyable quantité d'œufs. Industrie étrange de cet étrange pays....

Nous passons devant de ravissantes *casas de campo* (maisons des champs aux panneaux grandement ouverts); on déguste le merveilleux *chocolaté* castillan avec accompagnement confortable de gâteaux et de sandwich.

Curieuses, rieuses et bavardes, des *ninas* (1) descendent l'escalier menant vers le fleuve, trainant languissamment leur longue *bata* (2) de blanche mousseline sur laquelle coule la masse des cheveux noirs, mode antique et charmante que nul usage européen n'a pu détrôner.

Rien d'amusant comme leurs appellations familières :

Mi beldad (ma beauté).

Mi primavera (mon printemps).

Mi paloma (ma colombe).

Nous en passons, et des meilleures.

D'autres, moins matinales, se préparent au bain ; les *muchachas* (3) familières apportent qui l'ombrelle, qui l'éventail, qui le costume ; les muchachos installent à grand effort — on dirait qu'il s'agit de mettre en mouvement l'obélisque — le paravent de bambou à douze feuilles qui,

(1) Jeunes filles.
(2) Robes d'appartement.
(3) Femmes de chambre.

s'éployant en cercle, servira de cabine aux gentilles bai-
gneuses.

Sous les bambous que la brise remue, un grand brou-
haha de rires, de cris et, hardies ou peureuses, toutes se
glissent aux flots.

Ceci est le bain chic, aristocratique ; plus loin, se
baignent les Tagales, et c'est infiniment curieux.

L'Indienne, être amphibie, se meut dans l'eau avec la
même aisance que sur terre ; elle est là chez elle, y passe
une partie de sa vie, y accomplit mille prouesses ; vrai serpent de souplesse, elle glisse dans l'onde avec des mouvements doux et forts, toujours gracieux ; puis, c'est comme
une fièvre qui la saisit, et dans l'eau transparente elle se
couche, se berce, s'ébat comme les naïades antiques.

Plus loin encore se baignent les Tagals, nageurs incomparables. D'un élan vigoureux ils se jettent au fleuve, font
jaillir vers le ciel l'eau, attiédie déjà, qui s'irise de soleil.

De tout petits sont là, qui barbotent, comme de jeunes
animaux en fête, nageant à la façon des toutous avec des
gestes impayables et de jolis rires aux dents blanches.

Des *pollos* (1) courent le long des berges à cheval ou à
bicyclette, jolis cœurs gommés, regommés, pomponnés de
la tête aux pieds.

(1) Jeunes gens.

Midi : L'heure où le dur soleil triomphe, où, dans l'accablement torride, l'homme cède irrésistiblement aux délices de la *siesta*. Bientôt à notre bord, tout s'engourdit, tout dort.

A cette *siesta* l'Européen est tout aussi fidèle que l'indigène, mais s'en cache comme d'un crime.... *Raka, raka !* Cela est bon au plus pour les petites gens.... A cette heure délictueuses, le *Castila* est invariablement malade ou sorti ; la consigne est formelle.... Honni soit qui mal y croit.

A notre bord même nous cherchons à nous faire illusion.... Une fois n'est pas coutume.... On s'est levé avant l'aurore..., donc... donc tout y est pour le mieux du monde dans la meilleure des chaloupes possibles.

Cinq heures : Nous arrivons, l'heure est ravissante ; sur les eaux calmes la barque semble dormir, tout est clarté, joie, mouvement, couleur.

De tous côtés Tagals et Tagales accourent, admirent les *Castilas,* heureux, confiants, car ceux-ci ne sont pas des maîtres.

Une barque pavoisée d'oriflammes, de lanternes de couleur, portant tout un orchestre d'instruments de bambou, vient à nous. C'est monsieur le Gobernadorcillo qui sollicite l'honneur grand de nous recevoir, de nous faire jouir des délices d'un somptueux festin suivi d'un bal indigène.

Des castagnettes claquent, des guitares pleurent, des tambourins ronronnent pour les danses flamencas, puis une
furia de valse s'abat, emporte tout, et Tagals et Tagales
tournent sans arrêt parfois durant une heure entière, fous,
les yeux hors de la tête, pour tomber enfin sur les lattes
du sol, inertes, exténués.

Nous nous retirons à deux heures du matin ; l'hospitalité si large des Indiens met à la disposition de chacun de
nous une case tout entière. Où vont les maîtres? On n'en
sait rien ; ils disparaissent.

Au plafond de l'immense *cuarto,* vingt-cinq lézards —
de bien jolis petits lézards roses — se promènent.

Sous l'étouffement de la moustiquaire, deux ou trois
zim-zims oubliés, gent taquine, piquante et venimeuse,
zinzonnent leur irritante chanson. Avec les tremblements
de terre, le moustique est la plaie cruelle par excellence
des Philippines. Mais par les larges baies ouvertes, combien admirable est la nuit !

XIV

Manille possède un opéra où de pauvres troupes ita-
liennes, besogneuses se succèdent, que, faute de mieux,
on applaudit à outrance, on couvre de fleurs.

Une gracieuse *costumbre del païs* (1) veut qu'au moment
solennel des saluts-plongeons de l'actrice, des volées de
blanches tourterelles soient lancées dans la salle d'où elles
vont s'abattre sur la scène; cela ne va pas sans quelques
inconvénients... l'émotion sans doute de ces jeunes
oiselles.... N'insistons pas.

Il y a aussi un théâtre de comédie (*zarzuela*) dont la
composition est plus pitoyable encore; enfin un théâtre
tagal édifié en bambou et nipa.

Après le bal et les combats de coqs, que le Tagal aime
avec frénésie, il se passionne pour les représentations dra-
matiques.

Le drame occupe trois ou quatre représentations, qui
durent parfois fort avant dans la nuit. Nuls décors, une

(1) Coutume du pays.

écheɟle représente en général les montagnes ; un palmier
placé dans un coin, une forêt vierge ; c'est de la mise en
scène primitive, mais l'éternelle féerie que chacun des
spectateurs porte dans sa tête suppléе à tout ce qui peut
manquer.

Les autorités ou personnages d'importance qui assistent
à la fête prennent place sur la scène même, ainsi que le
faisaient nos grands seigneurs autrefois.

Les extraordinaires choses qui se représentent là se
ressemblent toujours singulièrement ; ce sont les infortunes·
de l'inévitable princesse, infailliblement belle comme le
jour — ici on pourrait dire, sinon comme la nuit, au
moins comme le crépuscule — que poursuit un chevalier
félon, *moro*, cela va sans dire, lequel chevalier, après mille
et mille péripéties tragiques, fait amende honorable, se
convertit à la foi catholique et finalement épouse l'objet de
ses vœux.

Tous ces bons petits Indiens pleurent avec ensemble aux
malheurs de la princesse et trépignent d'enthousiasme à
la défaite du félon.

Enfin une joie par excellence pour le Tagal est le déploie-
ment de ses merveilleuses processions aux splendeurs réellement incomparables.

En ces jours supra-solennels, l'aristocratie féminine de
Manille tient à honneur de parer de ses plus riches écrins

les effigies sacrées promenées en grande pompe dans les rues, et c'est littéralement un ruissellement, un éblouissement continus de pierreries; telle benoîte Madone, raide dans sa robe conique, porte pour un million de diamants. Fait remarquable : jamais un vol n'a été, non commis, mais même tenté.

Ces statues, au demeurant d'un grotesque absolu, rappellent d'une façon déplorable les marionnettes de nos foires ; mal équilibrées sur des pavois branlants, recouvertes de velours, d'or et de perles, portées à bras d'hommes, elles vacillent outrageusement, toujours prêtes à quelque définitive culbute dont les préserve seule on ne sait quelle mystérieuse grâce d'état ; devant chacune d'elles marche un groupe de carabineros armés de fusils vénérables, véritables pièces de musée.

Enfin se déroule une interminable théorie d'hommes, de femmes, uniformément vêtus de robes brunes, couronnés de fleurs, le visage couvert d'un voile; ceux-ci représentent les Nazaréens, ainsi du moins le prétendent les imaginatifs Tagals.

A Manille, la troupe, les officiers, les hauts fonctionnaires et dignitaires, les ordres religieux, le clergé tout entier suivent le Saint-Sacrement, que l'archevêque présente au peuple dans un ostensoir d'une valeur de cinq cent mille francs.

Il y a une vingtaine d'années subsistait encore un usage assez bizarre ; les drapeaux des différents régiments étaient jetés sur le sol, devant les pas du prélat qui devait les fouler aux pieds ; cette cérémonie avait, prétend-on, pour but de montrer au peuple que toutes grandeurs se doivent effacer devant l'infinie grandeur qui les a créées.

XV

Aujourd'hui très attiré par le renom de beauté du paysage, nous avons été saluer, aux environs de Tinangonan de Lampon, une sainte, issue de ces anciens rois de Tondo que les conquérants trouvèrent établis sur l'emplacement même de Manille, à leur débarquement dans l'Archipel.

Sainte créée très probablement de toutes pièces par la riche imagination tagale, sainte dont jamais aucun Pape n'a proclamé la canonisation et dont il serait difficile de trouver le nom passablement barbare et cocasse (Sancta Mamipapa) dans aucun calendrier.

Nous partons à naissance d'aube, selon l'usage en ces pays de feu.

Fiers comme Artaban de leur livrée européenne, de leur chapeau haute forme à cocarde, cocher et valet de pied se prélassent sur le siège de la victoria, raides, semblant avoir avalé un paratonnerre.

Bien avoinés, nos poneys gros comme des terre-neuves,

nous entraînent de leur allure étonnante à travers un pays de rêve.

A tous les *esteros* (1) les Indiens se baignent, nous regardent passer avec une curiosité sympathique, des rires amis.

Ici nous retrouvons cette merveille de la flore exotique, le *palmier du voyageur*, moins colossal que dans l'Inde, mais toujours éventail prodigieux.

Nous enfonçons un bâton dans le tronc lisse, d'où jaillit une eau laiteuse.

Partout de ces gigantesques banyans dont un seul arbre forme, lançant vers le ciel ses branches verticales, un bois tout entier. Et c'est un enchevêtrement fou de lianes envahissantes, de somptueuses orchidées, roses, blanches, purpurines, plus semblables à de fabuleux papillons qu'à des fleurs.

Midi. Après avoir traversé la vaste plaine couverte d'immenses rizières qui s'étendent de la base des montagnes à la mer, nous descendons au *convento* et recevons l'hospitalité du cura (2), le père Antonio, dominicain, prodigieusement érudit et savant, possesseur d'une très curieuse collection d'insectes vivants ; nous

(1) Ruisseaux.
(2) Curé.

voyons là une des choses les plus curieuses qui se puissent imaginer, l'*Animal-Feuille,* si rare et que la science nomme *phyllia.*

Un de nos amis, en ayant admiré quelques-uns à Java, dans ce célèbre jardin de Buitenberg, considéré comme le plus beau du monde entier, nous en fit une description tellement extraordinaire que nous avions eu quelque peine à le croire, le taxant irrévérencieusement d'exagération.

Force nous est de faire amende honorable et de reconnaître aujourd'hui l'exacte vérité du récit.

Le Phyllia est réellement déconcertant. D'un vert assez pâle, avec les dentures et les nervures foliaires, il semble, immobile sur le gazon, une feuille tombée de quelque arbuste.... Vous y touchez : voilà la feuille qui, prenant la poudre d'escampette, va se cacher sous quelque touffe d'herbe ou de fleurs. Devant ce prodigieux trompe-l'œil, on croit rêver.

Le *padre* hospitalise, sous une rotonde vitrée remplie de bananiers, de cocotiers, de flamboyants aux fleurs écarlates, une vingtaine de singes de races diverses auxquels il est parvenu à donner un vernis d'éducation vraiment remarquable.

Ces Messieurs, habitués aux réceptions, se tiennent généralement debout et daignent accorder aux visiteurs,

Un marché dans un faubourg de Manille.

à l'exemple de notre aimable Joseph du Jardin des Plantes, les shake-hand les plus cordiaux.

Le convento (presbytère), comme presque tous les édifices du même genre aux Philippines, est un vrai monument de pierre, d'une solidité à l'épreuve des tremblements de terre, édifié avec un grand confortable.

Les chambres sont nombreuses, car ici le *cura* représente la Providence du voyageur ; c'est à lui que tous demandent une hospitalité toujours accordée avec infiniment de grâce, et une magnificence relative.

Comme en quittant le padre, nous nous engagerons immédiatement dans la montagne par une montée fort rude, il fait remplacer nos chevaux liliputiens, assez fatigués de l'étape du matin, par un attelage de buffles, et nous voilà grimpant sous de longs berceaux de verdure que les rayons d'un soleil impitoyable ne pénètrent que par intervalles.

Rencontre de coolies chinois porteurs d'outres remplies d'eau suspendues aux deux extrémités d'un bambou, et tant et tant en ont porté les malheureux, qu'une véritable rainure creuse leur épaule nue.

Un Célestial, personnage d'importance à longue et luisante queue, tout de blanc vêtu, lustré, ciré, pomponné, suit dans une de ces charrettes qui rappellent nos antiques chars mérovingiens, et comme on n'en

rencontre plus qu'aux Philippines ; roues pleines taillées
en plein tronc d'arbre, toit en bambou protégeant la
marchandise. Une escorte, très sérieusement armée, nous
dit-on, sous les vestes blanches, entoure le char pesant
chargé de petits barils.

Ce Chinois revient d'une tournée parmi des tribus
encore sauvages, et en échange de quelques assiettes,
de grosse faïence, de quelques pièces de mauvaise coton-
nade, de quelques verroteries à bas prix, rapporte de la
poudre d'or.

Le trafic ne va pas sans danger, tout insulaire ayant
dans le sang la haine du Chinois.

Deux autres Fils du Ciel, employés du gros personnage,
l'accompagnent assis de côté à la mode des femmes sur
des *carabaos* (1), dont ils activent la marche à l'aide de
leur longue queue.

Queue précieuse, queue à tout faire, servant également
à battre chevaux, enfants et même célestes épouses à petits
pieds, à ce que prétendent les mauvaises langues. Queue
enfin par laquelle, à la fin de leur active existence, les
saisit l'ange de la mort, chargé de les conduire au paradis.... L'ascension ne doit pas laisser d'être quelque peu
douloureuse.

Des bambins nus comme des petits bonshommes de

(1) Buffles.

pain d'épice, les innocents, courent après notre voiture offrant des fruits, des fleurs. Nous leur jetons des sous, ils les ramassent et... nous les rendent. Nous voici loin des coutumes mendiantes de l'Inde.

Dans une prairie de cogon, à notre droite, nous faisons enfin connaissance avec ce *petit oiseau du corbeau* dont on nous a si souvent raconté les exploits. Un joli pillard, un charmant pique-assiette dont le corbeau ne se défend jamais. L'oisel le suit de son vol léger, lui arrache une partie de sa proie du bec même.... Pas l'air content maître corbeau, mais se laissant faire, et la chose est curieuse.

Nous arrivons. Nulle part cette verdure inouïe des Philippines n'est plus belle. Végétation toujours humide sous un soleil de feu, fouillis superbes, inextricables de lianes et de bambous, océans de verdure géante dont l'œil ne voit jamais la fin, enchantement perpétuel, féerie ; il n'y a pas de mots pour dire ces choses, il n'y a pas de palette pour peindre ces couleurs.

Devant la maison du *gobernadorillo* où nous recevons asile, on a dételé nos buffles ; des gamins, trois ou quatre à califourchon, les mènent au ruisseau quelque peu vaseux — ces animaux sont fanatiques de la boue — qui coule près de là ; ce soir, au moment du départ, ils iront les y reprendre, leur feront une toilette de petits maitrès et nous les ramèneront pour la descente.

Près du gobernadorillo l'accueil ordinaire, c'est-à-dire l'aménité, la grâce la plus parfaite ; mais quand nous parlons de notre visite à l'ermitage de Sancta Mamipapa, il sourit :

— Je pense, senor, que vous n'êtes pas venu ici uniquement pour cela ?

— Non, sans doute, on m'avait engagé à venir admirer le paysage magnifique, et l'on ne m'a pas trompé.

— A la bonne heure.... Car la *Sancta*... la *Sancta*....

— Quoi donc ?

— Pour dire vrai, senor, pas très authentique.... Pas authentique du tout même. Les *senores curas* blâment sévèrement le culte qu'on lui rend... rien n'y fait. D'ailleurs, il faut bien l'avouer, même parmi les filles de rois, il n'y eut jamais de saintes tagales.

Il rit, enchanté de sa déclaration.... Voilà un monsieur sans illusion sur les vertus de la race.

Il ajoute :

— N'importe, senor, puisque ça vous intéresse je vais donner ordre d'atteler. Nous irons jusqu'à ce fameux banyan, sous lequel, à peine abritée d'un mauvais toit de nipa, la sainte passa les dix dernières années de sa vie, anachorète sérieuse, ne vivant que d'un peu de riz et de quelques bananes apportées par charité.

Là-dessus nous croyons devoir exprimer notre sympathie :

— Pauvre créature !

— Ah ! certes. Figurez-vous, senor, que corps et âme étaient devenus si faibles, qu'à la dernière heure, cette pauvre âme, épuisée, put à peine voler jusqu'aux ultimes branches de l'arbre et, à bout de forces, y demeura sous forme de colombe pendant un espace de cent ans.

— Cent ans !

— Juste le temps nécessaire pour que parvînt au trône céleste son roucoulement d'appel. A l'entendre, si doux et si triste, le Seigneur eut pitié, et dépêcha un de ses anges, chargé de l'aider dans son ascension vers le ciel.

— Jolie fin de légende.

Ces bons Tagals sont paresseux avec luxe, avec délices : celui-ci fait atteler pour un trajet de cinq cents mètres.

Pas élégant l'équipage ! C'est la vulgaire *carromata* de l'Indien, garnie de rideaux de toile, protecteurs — ou soi-disant tels — du soleil et de toutes intempéries. Au fond, un siège copieusement dur ; deux roues, des ressorts à faire rendre l'âme, le cocher perché sur les brancards, le tout traîné par un amour de petit cheval plein de feu. Heureusement le trajet est court, car au bout de deux heures de cet exercice le voyageur — ou pour mieux dire le patient — demande grâce, moulu, fourbu.

Nous traversons un de ces étonnants ponts suspendus semblables à ceux rencontrés dans l'Inde.

Pas un clou dans leur construction, pas un morceau de bois.

Deux énormes câbles d'écorce de bambou lancés d'un côté à l'autre et noués à un tronc d'arbre sur chaque rive. Un treillis de rotin recouvert d'une sorte de natte épaisse et d'une élasticité incroyable forme le tablier, qui, sous le poids de notre voiture plie, tremble, geint, s'étire, s'affaisse, retombe. C'est à faire frémir, la catastrophe semble inévitable. Deux cents mètres sur la rive opposée et nous voilà devant l'arbre géant. Son ombre immense protège la statue de la *Sancta* et les centaines d'ex-voto suspendus autour de la vaste niche creusée dans le tronc même; d'autres se balancent à ses branches, simulacres de bras, de jambes, de têtes, taillés de façon à peu près informe dans le bois.

Une lumière, toujours pieusement entretenue, tremblote en un récipient de verre rouge; un parfum fade d'huile de coco rancie s'évapore, s'épand jusqu'à nous; des centaines de petits bâtons parfumés achetés au *Chino* jonchent le sol, à demi brûlés.

XVI

Du terre-plein posé en terrasse au bord de la montagne, en avant de la forêt qui grimpe aux plans supérieurs, le panorama se déroule de beauté indicible.

Nous découvrons l'admirable lac de Bay (la petite mer ainsi que le nomment les Tagals), sa grande montagne crayeuse issant du milieu même des eaux. Un peu plus à l'ouest, Manille, Cavite, dont l'éloignement cache les ruines ; au sud-ouest le lac de Bombon, le monstrueux et inquiétant volcan Taal, au sud et au sud-ouest le Pacifique avec les grandes îles de Mindoro et de Marinduque ; presqu'à nos pieds sept petits lacs, jetés sur la verdure, tels de grands miroirs oubliés par des géants — et qui furent jadis peut-être d'anciens cratères.

Et devant pareille splendeur, nous songeons que si, en son agreste ermitage, *Sancta Mamipapa* se mortifiait de façon tellement austère du moins ne devait-elle pas trop s'ennuyer.

La statue est taillée dans le bois avec un certain art

barbare d'une grâce naïve, mais les Tagals l'ont gâtée dernièrement par l'adjonction d'yeux d'émail et d'on ne sait quel badigeonnage néfaste étendu sur le visage, les mains, les pieds.

Mamipapa porte une couronne naturellement, des pendants d'oreille, une ceinture de cuivre doré curieusement ciselées, enfin tout ce qui concerne son état de fille de roi.

La tradition veut que ces ornements aient été en or au principe, trésor toujours respecté par les Tagals, mais que des Moros trouvèrent de bonne prise, certaine nuit de maraude et vendirent à leur Sultan.

Quelques colliers de sampaguitas odorantes, tombent sur la poitrine de la sainte.

En somme, l'histoire de cette fille des souverains aborigènes nous a été racontée assez succinctement ; nous nous asseyons sur l'une des racines de Banyan et prions notre aimable gorbernadorcillo de nous la raconter dans tous ses détails, ce qu'il fait de la meilleure grâce du monde, avec une sorte d'humour que l'on rencontre souvent dans les récits des Indiens.

« Vous savez évidemment, senor, que lorsque les Espagnols débarquèrent dans notre archipel, nous avions, de temps immémorial un royaume dont la capitale, Tondo, s'élevait sur le lieu même qu'occupe Manille aujourd'hui.

» C'est de l'un de ces rois que cent ou deux cents ans

avant la conquête, naquit la princesse Mamipapa, belle entre les belles, coquette, capricieuse, impérieuse et cependant adorée de son père et de toute la Cour.

» Lorsqu'elle atteignit ses quinze ans, trois princes, dont un fils de l'Empereur de la Chine, l'autre rejeton du Sultan de Jolo et le troisième petit fils du Sultan de Mindanao sollicitèrent sa main.

» Le roi, qui se faisait vieux et désirait véhémentement se créer quelque bonne alliance, pressa Mamipapa de choisir entre les trois prétendants, ce à quoi elle répondait avec tout le respect possible, mais de façon inébranlable :

» — Je vous prie, mon Seigneur et père, de vouloir bien m'excuser, mais les trois princes me paraissant d'égale valeur et me plaisant d'égale façon, je ne saurais me prononcer pour l'un d'eux au détriment des autres.

» Le vieux roi pria, supplia, essaya même de se mettre en colère, tout échoua, la princesse resta inflexible.

» Désolé, il eut alors une inspiration de génie; réunissant les trois prétendants en présence de la jeune beauté qui voulut bien approuver la proposition, il leur tint à peu près ce langage :

» — Puissants Seigneurs, lumière des yeux, joie du cœur, diamants sans tache, j'ai le regret de vous annoncer que la princesse ma fille refuse de choisir entre vous, vous trouvant de pareil et remarquable mérite.

» Ici les trois fils de rois esquissèrent une grimace significative. Le souverain de Tondo continua sans paraître s'en apercevoir :

» — Le cas est embarrassant et je ne vois qu'un moyen d'arranger les choses : Que chacun de vous s'en aille bravement de par le monde à la recherche d'une chose unique en son genre ; à celui qui rapportera la plus belle, la plus précieuse, je donnerai ma fille et l'héritage du royaume de Tondo après ma mort.

» Les trois princes étaient fort épris de Mamipapa et... du splendide royaume de son père ; la promesse leur parut donc doublement alléchante et ils partirent dès le lendemain, le premier tirant vers le Nord, le second vers le Sud, le troisième vers l'Est, tous trois courant mers, monts et vallées à la recherche du rare talisman.

» L'un perdit un œil en combattant les sauvages ; l'autre un bras au cours d'un duel chez les civilisés ; quant au troisième, tombé dans les eaux d'un lac, il abandonna à un crocodile indiscret l'une de ses jambes. Hélas ! Ils n'avaient encore rien découvert.

» De guerre lasse, comme ils allaient rejoindre leurs différentes patries, le prince à la longue queue rencontra, en terre d'Espagne, un mendiant orgueilleusement roulé dans sa *capa* (1), le cigare aux lèvres, qui offrit de lui

(1) Manteau.

céder un petit miroir de cuivre passablement éraillé.

» Le jeune homme secoua la tête :

» — Que diable veux-tu que je fasse de pareille vieillerie.... Pouah, c'est laid et c'est sale!

» — Seigneur, répondit le fier mendiant, ne prononcez pas si vite.... Ce vilain miroir que vous dédaignez possède une inestimable vertu; toute image désirée s'y réfléchit au gré de son possesseur.

» A cette déclaration le Célestial n'hésita pas plus que si on lui eut offert la pierre philosophale et paya l'objet aussi largement qu'un Chinois chinoisant peut le faire ; tout est relatif.

» Pendant ce temps le Soulouan, promenait son chagrin par les rues étroites de Bénarès, au milieu des éléphants, des singes, des vaches sacrées et des Bonzes qui les peuplent, lorsqu'il vit venir à lui un fakir pouilleux efflanqué, le front enduit de bouse de vache selon l'observance de sa secte et qui, d'un air mystérieux lui proposa l'achat d'une petite boîte remplie d'une pommade verdâtre.

» — Par les cornes de toutes les vaches de Bénarès, répondit le jeune prince, que veux-tu que je fasse de ta drogue.... T'imagines-tu par hasard que j'ai la gale ou la lèpre ?

» — Seigneur, insista le fakir, vous ne savez pas ce

que vous refusez ; ma pommade a la plus grande, la plus enviée de toutes les puissances, elle ressuscite les morts.

» Le Soulouan bondit de surprise :

» — Ah ! par exemple ! fais la preuve et je paie ton baume le prix que tu désireras.

» — Seigneur, rien de plus facile.

» Il l'entraîna sur les bords du Gange, vers les bûchers qui n'attendaient plus que la torche finale. Les cadavres étaient là, drapés d'étoffes claires, ligottés entre quatre bambous prêts à la définitive grillade.

» Le fakir s'approcha d'un corps pour lequel on avait attendu peut-être un peu longtemps et lui frotta le dessous des narines de son onguent. Tout aussitôt, le mort éternua, ouvrit des yeux effarés et se rendant compte de l'horreur de la situation, demanda qu'on le débarrassât au plus tôt de ses liens, prit ses jambes à son cou et court peut-être encore.

» Transport du fils du Sultan, lequel paya grassement le fakir et ne douta pas d'être bientôt l'heureux époux de Mamipapa et dans un temps raisonnable le puissant roi de Tondo.

» Restait le brillant rejeton du Sultan de Mindanao. Celui-ci, de caractère aventureux, s'étant dirigé vers les régions polaires, avait eu son navire brisé par les glaces et son équipage décimé par la maladie.

» Triste, presque seul, il désespérait de revoir jamais l'île merveilleuse, sa patrie, lorsqu'un esquimeau, couvert de peaux de phoque, empestant à deux cents mètres d'huile et de poisson pourri, offrit de lui céder en échange de différentes armes sauvées du naufrage un vieux canot fait de peaux de phoques et odorant comme ses vêtements.

» Le prince, malgré sa douleur, éclata de rire :

» — Par le kriss de mon père, tu te moques, mon bonhomme, des canots comme celui-là ne sont pas chose si rare en ton aimable pays qu'on les paie d'un si beau prix.

» — Seigneur, répondit l'homme, celui-ci est unique en son genre... une merveille.

» — Unique ! En quoi donc, je te prie ?

» — Mais tout simplement en ce que celui qui s'embarque dans cette coque de noix arrive en quinze minutes, quinze secondes, ni plus ni moins au terme de son voyage, s'agirait-il d'aller toucher aux antipodes.

» — Parbleu, s'écria le Prince, voici qui tombe à pic et fait joliment mon affaire. Homme utile et sauvage sois béni, ces armes sont à toi.

» Un quart d'heure après l'heureux voyageur débarquait dans le pittoresque port de Hong-Kong, véritable bac entouré de rochers et de montagnes qui le mettent à l'abri de toute traîtrise des vents et des flots.

» Des Chinoises, rosées d'air vif, portant toutes un ou deux babys drôlets ficelés sur leurs épaules et s'animant d'un chant qui leur est spécial, chargèrent homme et canot sur un de ces sampans qu'elles manœuvrent avec la force et l'adresse d'un homme.

» Hong-Kong était le lieu de rendez-vous où les trois prétendants devaient se rencontrer.

» Depuis quelqu'un temps déjà les deux autres avaient débarqué et ne voyaient rien venir. Le prince de Mindanao eut à peine touché terre qu'il les rencontra arpentant impatiemment le quai; on se congratula selon toutes les règles du protocole, puis commencèrent les confidences.

» Le premier raconta comment il avait acheté un miroir, parfaitement laid du reste, mais où se réfléchissait l'image de toute personne absente que l'on désirait voir, et sur la prière de ses compagnons, il évoqua le reflet de belle et chère Mamipapa.

» Hélas! qu'elle ne fut pas leur douleur!

» La charmante, l'incomparable, l'unique, pâle, glacée, tout de blanc vêtue, portant les insignes de son rang, reposait dans son cercueil sur un lit de sampaguitas... morte.

» Un désespoir navrant s'empara des trois princes.

» Soudain le fils de la Chine s'écria dans un élan de colère:

» — Hélas, hélas, faut-il que possédant un baume
sans égal, mais qui doit être employé avant le troisième
jour du décès, je demeure là, impuissant. Pour arriver à
Tondo, il faut dix jours au moins même en comptant sur
le vent le plus favorable.... Hélas ! hélas !

» — Ne désespérons pas, s'écria le futur Sultan de
Mindanao, rien n'est perdu encore, car moi je possède

Rue conduisant au village de Paco.

un canot sans pareil en dépit de son apparence minable.
Vite, montons-y ; dans un quart d'heure nous ferons
notre entrée dans le port de Tondo et cinq minutes après
nous serons auprès de notre bien-aimée morte.

» Ainsi fut fait.

» Les trois voyageurs trouvèrent la ville en deuil, le
roi noyé dans ses larmes, la cour dans la plus noire
consternation.

» Le malheureux père les conduisit devant le cercueil de sa fille.

» Lors le Prince chinois frotta les narines de la morte qui, ayant éternué comme l'Hindou, mais avec plus de grâce, se releva de la funèbre boîte, plus belle, plus fraiche, plus souriante que jamais.

» Ce fut du délire, les réjouissances durèrent huit jours.

» Illumation, poudre brûlée, musique, procession, festins. Pas de rues, pas de carrefour, pas de maisons où l'on ne tapât avec enthousiasme, à tour de bras sur les tambours de bambou, où l'on ne soufflât à se faire éclater les joues dans les conques marines.

» Ce temps de festivité et de liesse écoulé, le Roi demanda à sa fille, dont l'air sérieux et la mélancolie le frappaient, quelle était sa décision au sujet des trois princes et il manqua défaillir d'étonnement et de douleur lorsqu'elle lui répondit :

» — Très cher et très honoré père, je ne m'appartiens plus.

» Un respectable vieillard venu des pays d'Occident et jeté sur nos côtes à la suite d'un naufrage m'a révélé une religion sublime, la religion des chrétiens, m'a instruite et baptisée dans le secret. Il a vu dans ma résurrection, un miracle du Dieu qu'il adorait.... (Hélas!

il n'est plus aujourd'hui), mais, grâce à lui, j'ai compris que par mes caprices, ma coquetterie, mes exigences, j'ai causé toutes sortes de disgrâces à ces jeunes seigneurs. Du reste, en dehors de ces choses saintes, qui pourrait dire lequel d'entre eux apporta ici la chose la plus rare. Ne pouvant me consacrer au bonheur d'un homme, je me consacre au Dieu des chrétiens, et vous demande congé pour me retirer en un lieu solitaire et y passer ma vie en prières.

» Elle dit et son beau visage s'illumina d'une clarté si rayonnante que le Roi, ébloui, craintif, n'osa pas s'opposer à sa volonté. »

Le gobarnadercillo fit une pause :

— Et c'est ainsi, senor, que la belle Mamipapa vint ici, et qu'à leur débarquement dans l'archipel, les Espagnols trouvèrent une sainte chrétienne. *Si non e vero....*

Un rayon de soleil tombait en ce moment sur le visage de la fille des rois; les prunelles d'émail étincelèrent, la bouche enluminée de carmin sembla sourire, puis, dans l'ombre vite retombée tout s'éteignit.

XVII

Notre brave gobernadorcillo voudrait nous retenir pour la nuit, mais nous avons promis au Padre Antonio de redescendre au couvent le soir même.

Nous prenons congé, et nous mettant sous la protection de Sancta Mamipapa, nous commençons la descente à pied, à côté de notre attelage de buffle. Décidément c'est ici le pays où fleurit le miracle. Un de nos muchachos, nous désignant un de ces bijoux de petits lacs vus de là-haut, nous narre l'aventure suivante :

— Le senor voit cette nappe d'eau, la plus grande à droite. Il s'est passé là l'année dernière une chose bien extraordinaire.

— Quoi donc, Céfirino?

» — Un *tulisan* (1) avait tué, pour le voler, un habitant du pays. Voulant cacher son crime, il jeta son cadavre dans le lac dont la profondeur était alors considérée comme insondable.

(1) Brigand.

» Il y eut des soupçons ; l'homme fut arrêté, quelques traces découvertes sur les bords du lac amenèrent les magistrats à ordonner des recherches plus sérieuses.

» Le gobernadorcillo eut la bonne idée de demander au *cura* un cierge bénit ; le cierge allumé, il le planta dans une fente, au milieu d'une planche, puis lança le tout à l'eau.

» On fit des prières.... La petite lumière allait, allait jusqu'à ce qu'enfin, arrivée au milieu du lac, elle s'arrêta.

» On attacha ensemble des bambous, à l'extrémité desquels des harpons furent placés, et l'on ramena le cadavre.

» L'assassin, terrifié, et il y avait de quoi, n'est-il pas vrai, senor, fit des aveux complets, et subit le supplice du *garote vil.*

» Tout le monde ici a vu le miracle. »

Nous essayâmes de faire comprendre à Céfirino que la forme en entonnoir du lac et le remous qui se produit au centre ayant forcément attiré cadavre et bambou, il fallait, pour cette fois, renoncer au prodige.... Temps et paroles perdus ; j'ai même quelque peu scandalisé le muchacho, et l'on montrera longtemps encore au voyageur le lac du Milagro (1).

La nuit est entièrement venue, l'horizon, ainsi qu'il arrive à peu près chaque soir aux Philippines, est à tout

(1) Miracle.

instant enflammé par les éclairs. Les rizières, qui dégrin-
golent de la montagne semblent de colossales cascades
phosphorescentes de l'intense lumière des lucioles. La
petite flamme d'azur et d'émeraude, s'élève, retombe en
mouvement rythmique, telle une pluie de minuscules
étoiles.

C'est un spectacle unique, une féerie pour le regard de
l'Européen.

Des chauves-souris, grosses comme des poules, viennent
parfois se heurter aux lanternes de notre voiture. Elles
vont par bandes, quelques-unes portant leur petit attaché
à leur mamelle.

Leur admirable pelage brun, jaune d'or, bleuâtre, a
une certaine valeur; les Indiens leur font, le jour, une
guerre acharnée; ils les approchent facilement, les pauvres
bêtes si inoffensives et si douces, et les assomment à coups
de bâtons; poursuivies, elles se contentent de voler mala-
droitement à quelque distance avec de petits cris plaintifs.

Leur chair est considérée comme comestible par les
Indigènes, mais l'odeur musquée qu'elle dégage, répugne
à l'Européen.

Nous défendons qu'on en tue.

C'est une belle chose que l'hospitalité aux Philippines;
nous retrouvons le Padre Antonio plus affable, plus affec-

tueux encore. Pendant l'après-midi, le ban et l'arrière-ban
des amis, des autorités du voisinage a été convié.

Grand festin à la cure, montagnes de riz recouvrant les
poulets étiques, sauces au poivre rouge, au kari, au piment,
poissons gros comme des épingles réunis par la queue en
forme d'éventails, frits, dorés ; jambon (plat de résistance
dans tout l'archipel), conserves européennes, fruits exquis,
monstrueux.

Une société orphéonique — où n'en trouverait-on pas
en ce pays — nous offre le régal d'un concert, où brillent,
à l'ordinaire, des airs d'opérettes françaises.

Enfin, vers minuit, nous regagnons, quelque peu fourbu,
notre vaste chambre où nous retrouvons le cadre de rotin,
la natte remplaçant les draps, le long boudin de rotin
(abrazador) qui, placé entre les jambes, donne une certaine fraîcheur, et enfin, hélas ! l'éternelle nuée des moustiques zinzonnants, abrutissants, énervants et piquants.

Le muchacho apporte triomphalement un second *basso
de luz* (quel luxe !), c'est-à-dire un verre dans lequel nage,
sur l'huile de coco, une veilleuse malodorante, et nous
voilà installés confortablement pour la nuit.

XVIII

Depuis longtemps possédés du désir d'assister à une chasse aux rhinocéros, nous nous embarquons pour l'île de Balabac, située entre la pointe de Bornéo et le sud de Palouan, où, nous dit-on, l'on trouve encore quelques individus de la race. Le gouverneur de la province, grand chasseur devant le Seigneur, y organise de temps en temps, des battues fort intéressantes.

Munis de chaudes lettres de recommandation, nous recevons à la résidence le plus sympathique accueil, et, peu de jours après notre arrivée, une grande chasse où sont conviées toutes les autorités civiles et militaires de l'île, est organisée par les soins de notre hôte.

Départ avant l'aube : le *Rapport* annonce la présence d'un rhinocéros à quelques lieues.

Temps magnifique; deux lieues avant d'arriver sur le terrain de bataille, nous quittons nos chevaux pour cheminer à pied.

Nous voilà au centre d'une gorge mesurant à peu près deux lieues de l'une de ses extrémités à l'autre, le sol est couvert d'une jungle épaisse et haute; ce n'est qu'en brisant les tiges qu'on peut avancer péniblement.

Une centaine de traqueurs sont là, armés d'excellents fusils faits pour leur donner du courage, car l'Indien est excellent tireur. Le groupe des chasseurs européens s'établit sur l'escarpement rocheux dominant la gorge à sa partie la plus resserrée.

La battue commence, les hommes mettent la baïonnette au bout du fusil.... On ne sait ce qui peut arriver.

A la vérité, le danger est terrible; si le mastodonte attaque, ce qui est du reste assez rare, et atteint l'homme, il le broie sous le pied à la façon de l'éléphant dans le temps de dire *amen*.

Deux heures passent qui nous semblent éternelles, le soleil chauffe déjà raide.

Bon! deux coups de feu; on a vu la bête. Ah! mais.... qu'est cela? Presque rien.... nos Indiens qui, pris de venette, lâchent pied et grimpent aux arbres avec une adresse et un ensemble touchants.

Des lâches, dira-t-on? Ce serait injuste; hier ils ont été braves, ils le seront sans doute demain : question de nerfs auxquels le Tagal obéit désastreusement.

La frousse, l'irrésistible frousse se propage et, faut-il

l'avouer... il n'y a pas uniquement que les Indiens-à escalader les cocotiers et à fraterniser avec les singes.

Par exemple, une fois perchés confortablement, nos petits Tagals reprennent aussitôt leur plus fière assurance et vociférations, insultes, haros pleuvent du haut des perchoirs à l'adresse de l'ennemi.... Résultat : la bête un instant apparue, ahurie de ce tapage, escalade le flanc de la colline en face de nous, galope sous la jungle sans rencontrer même l'ombre d'un rabatteur et bientôt, grâce à notre lunette, nous distinguons la masse énorme, grisâtre, sa grande corne fichée sur le nez, découpée en vigueur sur la crête opposée.

Décidément, les choses se gâtent, quel chemin va-t-elle prendre ?

Avec le même ensemble et la même adresse singesque, nos Indiens se laissent glisser des hautes branches et l'on se consulte sur le meilleur parti à choisir.

Il est tout près de midi : plus d'air, le soleil grille et dévore, les rafraîchissements circulent, mais l'on peut à peine manger quelques bouchées.

Le Gouverneur furieux apostrophe ses hommes. Heureusement le rhinocéros au lieu de descendre l'autre côté de la colline s'est dirigé vers l'extrémité de la gorge opposée à celle où nous nous trouvons maintenant, et vite il faut le cerner avant qu'il n'en soit sorti.

Nos Indiens, menacés du *bejuco* (1) par notre hôte qui n'en a d'ailleurs jamais fait usage en réalité, repartent véhémentement engagés à agir et à se taire au moins jusqu'au moment où ils auront ramené la fauve au milieu du ravin.

Les chasseurs européens se distribuent les postes. Deux nouvelles heures d'attente pendant les marches et contre-marches des traqueurs, un soleil phénoménal, la soif, la faim, la fatigue viennent à bout de toutes les énergies, on somnole.

Soudain, une pétarade de coups de feu : le rhinocéros, descendu comme une trombe des hauteurs en face est là, à cinquante mètres au-dessous de nous dans le lit desséché du torrent.... On tire.... Il secoue sa tête difforme, ouvre, dans un bâillement homérique, sa large gueule et... reprend sa course avec le plus profond dédain.

Une fièvre nous emporte, toute prudence est oubliée, et tous nous dégringolons à grande vitesse un raidillon qui s'offre à nous....

On veut se trouver face à face avec l'ennemi.... C'est une fièvre, une exaltation forcenées.

Oh! planter une balle dans l'oreille du monstre, seul moyen du reste, d'en venir à bout.

Les Indiens effrayés nous rappellent avec des glapisse-

(1) Rotin.

ments de cacatois, et, toujours aussi heureux dans leurs manifestations, détournent une fois encore la bête juste au moment où nous allions être à portée; elle disparait dans un fourré inextricable où il nous est impossible de la suivre et où on la perd entièrement de vue.

Il faut en prendre son parti, c'est une troisième battue à recommencer, les traqueurs partent. Quels crânes solides. L'heure est terrible, du feu tombe de là haut, nos vête- ments, trempés, collent au corps ; l'eau ruisselle sous nos casques de toile blanche.

Pour comble de malheur, la voiture contenant les caisses de limonade, de bière, de champagne vient de culbuter, tout est brisé et l'eau manque absolument dans ce désert.

Nul de nous ne peut manger, la gorge desséchée se refuse à tout effort, mais, par contre, nos Indiens dévorent.

Enfin, les cris des rabatteurs nous raniment, le rhino- céros se montre à trois cents mètres environ de notre groupé; en hâte on s'essaime en tirailleurs ; un Indien, Bagobo converti, reste seul auprès de nous, brave, auda- cieux, comme tous ceux de sa race.

La bête est à trois cents pas... à deux cents ; le cœur nous bat, nous sentons avec intensité, avec ivresse, ce qu'il y a d'entraînant dans une chasse aussi émouvante et périlleuse.

Le monstre s'arrête, semble hésiter encore hors de la portée de nos balles, et c'est dans une véritable angoisse que nous attendons son bon plaisir.

La colossale tête se dresse, lente, hume l'air.... Va-t-elle venir sur nous ou se détourner?

Elle avance, les rares arbrisseaux crient et se brisent sur son passage, le dos monstrueux dépasse les herbes.

La voilà à portée.... Posément nous visons à la tête, croyant faire merveille, un coup, deux, trois, quatre.... Rien, sinon que l'animal furibond, exaspéré, mais semblant jouir d'une santé parfaite, tourne deux fois sur lui-même cherchant son ennemi. Blessé? Peut-être, mais certainement dans son seul amour-propre.

Soudain mon Bagobo, emporté par le passionnant de la situation, par l'ardeur de son sang et de sa nature, oublie complètement son rôle, et se démasquant, se précipite avec une témérité folle sur la bête, et tire.

Ah! ce ne fut pas long! Avec une agilité déconcertante, le fauve fonce sur l'imprudent qui essaie de se rejeter, bute contre une racine, tombe. Le rhinocéros est sur lui, sa patte monstrueuse l'écrase.

Moment de terreur, de vertige, qui sembla durer un siècle! Nous lâchons deux coups de notre revolver, visant à l'oreille, heureusement nous sommes à bonne portée : le mastodonte s'écroule comme une masse, mort.

De tous côtés l'on accourt.

Oui, la bête est morte, bien morte, mais la fin tragique de cette chasse, si gaîment commencée, nous impressionne péniblement.

L'infortuné Bagobo gît là, baigné dans son sang, la cuisse broyée. Le docteur P., qui fait partie de l'expédition, lui donne les premiers soins et déclare l'amputation nécessaire.

Tristement on gagne le plus proche village où l'on trouve enfin de l'eau potable ; la soif était devenue une véritable torture....

On se jette sur les *cajèles* (1), les mangues, les atès, fruit exquis, qui se mange à la cuiller et donne la sensation de déguster une crème de Chantilly d'une incroyable fraicheur.

Ces Bagobos sont de fer, ont l'âme chevillée au corps ; le nôtre n'a même pas de fièvre et — chose pharamineuse — demande du riz et du poisson. Le docteur a toutes les peines du monde à empêcher ses camarades de lui en donner.

Dès notre arrivée à Balabac, le pauvre diable est conduit à l'hôpital où l'amputation est pratiquée dans les meilleures conditions possibles.

.   .   .   .

(1) Oranges à peau adhérente.

Quand, huit jours après, nous faisons nos adieux à notre hôte, à la toute aimable colonie de l'île, et à notre brave amputé, nous le trouvons absolument hors de danger, gai, dispos, consolé.

L'avenir de ce Bagobo, ancien assassin, comme tous ses compatriotes, mais très sérieusement et très sincèrement converti, est fixé de façon assez originale et qui le remplit de fierté.

Le *Cura* de Balabac lui confie le poste justement vacant tout récemment de sacristain, poste avantageux et honorifique, des plus recherchés.

XIX

Les Philippines ont eu leur sectaire ou pour mieux dire leur hérésiarque, un Indien du nom d'Apolinario.

Cet homme, orphelin sans doute, fut élevé par un *Cura* de la province de Tabayas, non loin de Saint-Cristobal.

C'était un garçon remarquablement intelligent, mais de caractère assez bizarre et d'imagination enflammée et malsaine.

L'étude de la théologie le passionnait par dessus tout ; aussi, quand il atteignit sa douzième année, le padre l'expédia-t-il au séminaire de Manille, l'annonçant comme un sujet de grand avenir, future lumière de l'Église, mais à surveiller de très près.

Apte à s'assimiler la science théologique et bien d'autres, Apolinario l'était certes de façon tout à fait exceptionnelle, mais, malheureusement, il avait des passions mauvaises et terribles ; trompant avec l'adresse singulière de sa race, toute surveillance, il s'échappait du séminaire, courait ville et faubourgs pour se livrer éperdûment aux délices du *Panguingui* et aux passionnantes émotions des combats de coqs.

Quelques escapades plus graves encore décidèrent de son renvoi.

Il se laissa alors entraîner dans ces immondes fumeries d'opium qui se cachent aux arrières-boutiques des Chinois.

Pont d'Espagne reliant Manille à ses faubourgs.

Sous l'influence du poison, son cerveau — disposé au détraquement — s'exalta; le malheureux, halluciné peut-être, se crut chargé d'une mission rénovatrice, et ce fut en illuminé, dans le mauvais sens du mot, qu'il reprit un beau jour le chemin de ses montagnes.

Là, retiré dans une grotte profonde à laquelle il donna le nom de Purgatoire, il ne tarda pas, grâce à un véritable don d'éloquence, à subjuguer par sa parole enflammée les populations crédules, facilement enthousiastes du voisinage.

« Que les blancs eussent un pape blanc, rien de mieux ni de plus naturel, leur disait-il, mais eux, les Morenos, devaient élire un chef religieux de leur couleur; reconnaître le pape de Rome, lui obéir était manquer de fierté, montrer une absence de toute dignité de race. »

Le Tagal a des vanités enfantines, puériles; Apolinario avait touché juste et ses idées révolutionnaires sur le pouvoir temporel et spirituel, se propagèrent dans toute cette partie de Luçon avec la rapidité d'une traînée de poudre.

Cependant une grande question se posait.... Qui serait pape? Volontiers notre rénovateur eut réédité le mot célèbre : *Ego sum papa;* mais c'eût été aller un peu vite en besogne et risquer de tout compromettre.

Qu'inventa-t-il? Quelles ressources trouva-t-il dans les traités de prestidigitation déjà assez répandus à cette époque pour faire (en apparence) succéder les miracles aux miracles? lui seul le sut.

La race simple qui l'entourait était du reste facile à leurrer, et toujours prête à accueillir le merveilleux ou ce qui lui semblait tel. Toujours est-il que l'on vécut au milieu des prodiges, et que la réputation du thaumaturge s'étendit bientôt au delà de la province.

Son terrain convenablement préparé, Apolinario désor-

mais maître de la foi de ses fidèles, se déclara envoyé du
Ciel, prophète des Indiens et finalement pape d'une religion
pseudo-catholique de sa composition.

Il eut son Église dans les cavernes de la montagne de
San Cristobal, dont une partie prit le nom de Mont du Calvaire ; il y célébra les Saints mystères, baptisant même à la
façon de saint Jean-Baptiste dans l'eau d'une source qu'il
surnomma *Fontaine du Jourdain.*

Cette fontaine qui déverse ses ondes dans une claire
rivière encaissée entre deux énormes montagnes couvertes
de la plus fastueuse des végétations, est certainement un
des plus beaux sites du monde.

L'enthousiasme gagnait de proche en proche ; ce fut une
fureur, un délire, l'hérésie empoisonnait maintenant toute
la province.

Cependant la nature d'Apolinario reprenait le dessus et
le pape Indien ne donnait pas précisément l'exemple de
toutes les vertus.

Entouré d'une cour de bandits à demi-sauvages, sous
prétexte de punir quiconque refusait d'entendre la bonne
parole, il pillait, saccageait les environs, devenait un véritable danger. Fait, qui demeure inexplicable, la foi de ses
disciples n'en fut pas ébranlée, mais les autorités civiles
et militaires, jugeant les choses à un tout autre point de vue,
décidèrent d'envoyer des troupes contre ce pape qui, si

étrangement, cumulait ses augustes fonctions avec celles de chef de bande.

Très courageux, bien soutenu par ses partisans, tirant admirablement parti de sa position dans la montagne, Apolinario se défendit longtemps et vaillamment, jusqu'au jour où, surpris par des forces considérables, il fut tué sur le champ de bataille.

Il est surprenant de constater à quel point le soi-disant prophète s'était emparé, malgré ses crimes et ses déprédations, de l'esprit de ses compatriotes.

Un peu plus d'un siècle a passé depuis l'apparition du *papa Moreno*, et de nos jours encore les lieux qu'il a habités, regardés par les Tagals comme ayant été sanctifiés par sa présence, demeurent, en cachette il est vrai, des lieux de pèlerinage très fréquentés ; on y amène de très loin malades et infirmes pour les baigner tant aux eaux du Jourdain qu'aux différentes sources soi-disant miraculeuses de la montagne.

Il arrive assez souvent que les autorités de la province, averties par quelque faux-frère, envoient au Mont du Calvaire le Guardia civil, c'est-à-dire les gendarmes qui tombant à l'improviste dans les grottes, produisent la plus bruyante, la plus affolée des débandades parmi les pèlerins ahuris.

Nous avons visité le Mont du Calvaire, la Fontaine du

Jourdain, la grotte du Purgatoire, partout nos guides nous ont conduit avec les marques du plus profond respect, tête découverte, recueillis, silencieux.

Et comme, sous les rayons du couchant, nous redescendions la pente escarpée, l'un d'eux nous dit en hochant la tête :

— *Sea V, cierto, Senor, que los Espanoles han echo matar a un verdadero profeta que fué mandado del cielo a tierra para hacer el bien y salvar à los hombres.*

Traduction fidèle :

— Soyez sûr, Senor, que les Espagnols ont fait mettre à mort un véritable prophète, envoyé du ciel en terre pour faire le bien et sauver les hommes.

Décidément nos bons petits Tagals tiennent à leurs saints.

XX

Avant de dire un adieu définitif à ces belles Philippines, nous avons voulu tenter l'ascension réputée assez difficile de ce superbe *Mayon*, qui, si haut dans le ciel, dresse son sommet déchiqueté.

Non que, pas plus que ceux qui l'ont essayé vainement avant nous, nous espérions atteindre au cratère principal, mais avec l'unique et modeste prétention de parvenir aux premières crevasses.

Superbe ce volcan ignivome s'élançant, dans sa belle forme conique, très régulière, de sa ceinture de forêts.

Tout ici est admirable : ravins boisés, précipices à pic, dômes d'arbres géants aux essences les plus précieuses, fougères arborescentes, enlacement prodigieux de lianes.

Nous côtoyons des lacs bleus où les nénuphars font des îlots roses ; nous suivons des allées, voûtes d'ombre où se pressent en bordure les arbres vénéneux, distillant une liqueur dont une gouttelette vous envoie si lestement dans un monde meilleur ; enfin, pendant deux heures, notre caravane monte par des raidillons tortueux, véritables chemins de chèvres, pour passer bientôt à la grimpade la plus fantaisiste, de roche en roche, de broussaille en broussaille.

Peu à peu une odeur de soufre se répand autour de nous ; la végétation pâlit, s'anémie, meurt ; plus une feuille, plus un insecte, rien.... Une terre qui brûle sous nos pas, un air presqu'irrespirable.

Maintenant c'est une couche mouvante de pierres et de cendres de huit ou dix mètres d'épaisseur.

Nous atteignons la solfatare, ouverte lors de cette formidable éruption du 1er Février 1814, qui ruina presqu'entièrement la province de Camarines et coûta la vie à plus de 12,000 personnes ; les blessés furent innombrables.

Les parois de l'énorme ouverture sont couverts de soufre et de cendres ; au fond de l'entonnoir, un lac aux eaux noirâtres bouillonne et fume ; sur le bord des eaux empestées, de grands amas de soufre brûlent sans cesse renouvelés par les projections échappées de larges fissures issant de divers points ouverts sur les rives mêmes du lac ; leurs fumées montent en colonnes droites jusqu'à l'orifice du cratère où le vent les saisit et les disperse.

C'est de la plus saisissante, de la plus sublime horreur.

Nous essayons de descendre attaché par des cordes, jusqu'à ces eaux de mort, nous nous laissons glisser sur les

pieds et sur les mains, mais à quelques mètres la cendre
brûle, l'acide sulfureux prend à la gorge, de façon insoute-
nable, on nous remonte.

A intervalles à peu près réguliers, l'éruption se fait plus
intense; des milliers de fumeroles sortent de terre, des
tourbillons de vapeurs fétides nous enveloppent, un fracas

La *Esmeralda*.

de plus en plus infernal nous assourdit, nos Indiens se
signent, éperdus.

Les monnaies d'argent que nous avons dans notre poche
sont absolument noires.

Non loin de nous, une large crevasse laisse échapper
une boue liquide et de gros bouillons de soufre liquides
aussi.

Si telle est l'effroyable beauté de ce cratère, quelle ne doit pas être la tragique splendeur de celui qui, là-haut, vomissant ses flammes et ses fumées, semble vouloir incendier le ciel, de celui dont nul pied humain ne foula jamais les scories et les laves inviolées.

Malgré l'épouvante ressentie, et nul n'y échappe, il y a dans le spectacle que nous avons sous les yeux une majesté terrifiante qui fascine, charme, retient ; mais nous suffoquons ; nous n'y voyons plus, bon gré mal gré il faut partir.

Descente rapide.... Bon, infiniment bon de retrouver après tant d'horreur, le soleil, la verdure, les fleurs, les parfums, les oiseaux.

Nous regagnerons Manille après-demain.

Et maintenant approche l'heure pleine de tristesse des adieux.

Un dîner où l'on veut bien réunir autour de nous les précieuses amitiés qui nous ont entouré durant notre séjour ; puis à l'aube naissante, embarquement à bord de la *Esmeralda* et en marche pour Hong-Kong.

. . . .

. . . .

Combien rapides ont passé les mois, les jours. Blanche

et jolie, la *Esmeralda* court, rapide, entre le bleu du ciel et le vert glauque de la mer ; l'espace grandit, derrière son sillage, les tuiles rouges, les murailles grises, les clochers lourds de Manille ne sont plus qu'une masse confuse à l'horizon.

Avec tous nos vœux, tout notre plus sympathique respect, nous saluons la cité en deuil.

FIN

Lille. Typ A. Taffin-Lefort, 9.

www.ingramcontent.com/pod-product-compliance
Lightning Source LLC
Chambersburg PA
CBHW072115090426
42739CB00012B/2982